Ilia Delio

Ursächlich Liebe

Ilia Delio OSF

Ursächlich Liebe

Anstoß zu einer neuen Theologie für das dritte Jahrtausend

Aus dem Englischen
von Helga Jacobsen und
Robert Cathomas

Chalice Verlag

Die Originalausgabe erschien
2021 bei Darton, Longman and Todd Ltd, London,
unter dem Titel *The Primacy of Love*

Deutsche Erstausgabe

Coverbild: Katzenaugennebel NGC 6543 im
Sternbild Drache / Wikimedia Commons

Herstellung: BoD – Books on Demand GmbH
Printed in Germany

ISBN 978-3-942914-65-9

Inhalt

Einführung

Was ist Liebe? Das wollte einmal jemand von mir wissen, der über fünfzig Jahre lang verheiratet gewesen war. Mich verblüffte diese Frage, weil doch einfach jede und jeder weiß, was Liebe ist – oder etwa nicht? In meiner Annahme, dass man nach fünf Jahrzehnten der Ehe zumindest eine gewisse Ahnung vom Wesen der Liebe haben müsste, berief ich mich auf die Definition der Platoniker des Mittelalters, nach welcher die Liebe das höchste Gut ist, das wir dem anderen zu dessen Wohl entgegenbringen. Liebe führt zu Verwandlung, weil Liebe vereint. Doch meine Erklärung hinterließ bei mir eine gewisse Leere und den Wunsch, der tieferen Bedeutung von Liebe auf den Grund zu gehen. Was *ist* Liebe? Meine abstrakte philosophische Antwort hatte den Kern der Frage nicht wirklich getroffen.

Die Inspiration zu diesem Buch verdanke ich dem spanischen Mystiker Ramon Lull, dessen Worte, geschrieben im dreizehnten Jahrhundert, das Geheimnis Gottes auch noch im einundzwanzigsten erhellen:

> Sie fragten den Liebenden: »Aus wem bist du?«
> Er antwortete: »Aus der Liebe.«
> »Wer hat dich gezeugt?«
> »Die Liebe.«
> »Wo wurdest du geboren?«

»In der Liebe.«
»Wer hat dich aufgezogen?«
»Die Liebe.«
»Woraus lebst du?«
»Aus der Liebe.«
»Wie nennst du dich?«
»Liebe.«
»Woher kommst du?«
»Aus der Liebe.«
»Wohin gehst du?«
»In die Liebe.«
»Wo bist du?«
»In der Liebe.«
»Weißt du von anderem als von Liebe?«
»Ja, von Schuld und Sünde gegen meinen Geliebten.«
»Gewährt dir dein Geliebter Verzeihung?«
»In meinem Geliebten ist Erbarmen und Gerechtigkeit, und deshalb habe ich meine Wohnstätte zwischen Furcht und Hoffen errichtet.«[1]

Diese Worte beschäftigten mich jahrelang, weil ich, wie so viele andere, Liebe bloß als ein Gefühl erachtete – nützlich, aber nicht unentbehrlich. Lange dachte ich, dass Liebe eine Art Störfaktor sei, verzwickt und oberflächlich. Meine Vorstellung von göttlicher Liebe war eher platonischer Art; die menschliche Liebe versuchte ich zu bagatellisieren, um ihrer Schmerzhaftigkeit aus dem Weg zu gehen. Heute, auf dem Weg in den Spätnachmittag meines Lebens, erkenne ich, wie

1. Ramon Lull: *Das Buch vom Liebenden und Geliebten,* übersetzt und herausgegeben von Ludwig Klaiber, Zürich: Thomas-Verlag, 1950, Seiten 48–49.

recht Blaise Pascal hatte, als er sagte: »Das Herz hat seine Gründe, die der Verstand nicht kennt«, denn der Verstand kann sich täuschen in dem, worüber das Herz nichts weiß. Allein auf Basis des Verstandes zu leben, ist unmöglich, nicht aber aufgrund jeglichen Akts der Liebe, der durch das menschliche Herz ins Herz der Welt fließt.

Dieses kleine Buch handelt von der Liebe in ihren vielen Dimensionen und in ihren unbeschreiblichen Tiefen, denn die Liebe ist ein unwiderstehlicher Ozean der Anziehung, dessen unermessliche Güte ins Herz Gottes führt.

1
Aus Liebe erschaffen

Arten der Liebe

Vor bald einhundert Jahren schrieb der schwedische Theologe Anders Nygren ein Buch mit dem Titel *Eros und Agape,*[2] das half, die Arten der Liebe zu unterscheiden, die wir in der Bibel finden. Die agapische Liebe, so führte er aus, ist bedingungslos, spontan oder unbegründet, für sie ist jedwede Kategorie oder Belohnung oder Gegenseitigkeit belanglos und sie steht in Gegensatz zu dem, was als »Selbstliebe« bezeichnet werden könnte. Als der Franziskanerpriester Maximilian Kolbe im Konzentrationslager Auschwitz sein eigenes Leben zugunsten eines Priesterkollegen opferte, stellte er die Kraft der agapischen Liebe unter Beweis. Agape ist ein Sich-selbst-Hingeben oder ein aus freien Stücken und sorglos unternommenes Sich-Aufbrauchen eines Menschen für einen anderen – das bedingungslose Wollen des Guten. Eros hingegen reflektiert Wunsch und Sehnsucht.[3] Edward Vacek definiert Eros als »den Geliebten um unserer selbst willen lieben«.[4]

2. ANDERS NYGREN: *Eros und Agape: Gestaltwandlungen der christlichen Liebe,* zwei Bände, Gütersloh: Der Rufer Evangelischer Verlag, 1930 und 1937.

3. THOMAS JAY OORD: *The Uncontrolling Love of God: An Open and Relational Account of Providence,* Downers Grove, IL: InterVarsity Press, 2015, Seite 38.

4. EDWARD VACEK: *Love, Human and Divine: The Heart of Christian Ethics,* Washington, DC: Georgetown University Press, 1994, Seiten 157–158.

Eros ist jenes unbeschreibliche Verlangen, ein tiefes und schmerzendes Wünschen, das nicht in Widerspruch, sondern in Beziehung zu Agape steht; Eros ist ein Ausdehnen des Herzens, so als wenn die Seele nur in der Vereinigung mit einer anderen vollständig sich selbst sein kann. Pseudo-Dionysius, der Mystiker des frühen sechsten Jahrhunderts, sprach von Gott als einem Erotiker, einem Gott, Der mit uns in leidenschaftlicher Liebe verbunden ist, und zwar solchermaßen, dass Er trunken ist von Liebe.[5]

Diese Arten der Liebe reflektieren sicherlich die menschliche Erfahrung, doch können wir tatsächlich auch auf den tiefsten Ebenen der Wirklichkeit von Liebe sprechen? Der jesuitische Wissenschaftler Pierre Teilhard de Chardin machte geltend, dass Liebe auf den fundamentalen Ebenen des Lebens existiert. Einigen mag diese Vorstellung absurd erscheinen; sie stellen die Frage, ob damit gemeint sei, dass auch Quarks sich verlieben können. Teilhard wies auf die Tatsache hin, dass die charakteristischen Merkmale menschlicher Liebe wie Anziehung, Unwiderstehlichkeit und Vereinigung auch auf den grundlegendsten Ebenen des physischen Lebens angetroffen werden können. Laut Teilhard ist die Liebe eine leidenschaftliche Kraft im Herzen des Universums, eine zentrale Energie kosmi-

5. Pseudo-Dionysius: *The Complete Works,* übersetzt von Paul Rorem in: *The Classic Western Spirituality,* herausgegeben von John Farina, New York: Paulist Press, 1987, Seite 287.

6. Siehe Pierre Teilhard de Chardin: *Die menschliche Energie,* Olten und Freiburg i. Br.: Walter-Verlag, 1966, Seite 96.

schen Lebens, ein vereinigendes Prinzip und eine kosmologische Kraft.[6] Er schrieb: »Die Liebe ist die universellste, die ungeheuerlichste und die geheimnisvollste der kosmischen Energien.«[7] Indem er die Liebe zur kosmischen Kraft erklärte, gab Teilhard zu verstehen, dass sie eine Energie ist, »die seit dem Urknall existiert, allerdings von molekularen Kräften nicht zu unterscheiden ist.«[8] In seiner *Hymne an das ewig Weibliche* spricht er, mit der Stimme der Weisheit, von kosmischer Liebe:

> Ich bin eingebettet in das Kraftfeld, welches das Universum zu größerer Neugeburt treibt, zu tieferer Vereinigung und schließlich zu vermehrtem Bewusstsein. Aus dem Innern der Fragmente der Materie begünstige ich alle möglichen Kombinationen, weil ich weiß, dass nicht jede Kombination fruchtbar sein wird. Ich bin die magnetische und vereinigende Kraft, welche die ungleiche Materie zusammenbringt und jede neuerschaffene Form antreibt, sich zu vermehren, zu schmücken und Früchte zu tragen. Aus den rohen und zusammengesetzten Elementen nähre und befreie ich Geist. Mit jedem Schritt in Richtung Vereinigung nähert sich meine Schöpfung größerer Spontaneität und Freiheit.[9]

7. Ebenda, Seite 42.
8. THOMAS M. KING: *Teilhard's Mysticism of Knowing,* New York: Seabury Press, 1981, Seiten 104–105.
9. Bei diesem Zitat handelt es sich um eine moderne, freie dichterische Nachempfindung des französischen Originaltextes durch KATHLEEN DUFFY SSJ in "Sophia: Cata-

Diese unwiderstehliche, im Universum gegenwärtige Energie der Liebe führt Teilhard zu der Behauptung: »Eine Liebe baut physisch das Universum.«[10] Das Universum ist also nicht nur durch die Wechselwirkung von Raum, Zeit und Materie entstanden, sondern aus der allgegenwärtigen Energie der Liebe, die in die Struktur des Universums eingebettet ist. Sämtliche Ebenen des Lebens sind durch die Prinzipien von Anziehung und Vereinigung bestimmt. Noch bevor die Liebe eine menschliche Kraft wird, ist sie eine kosmische Kraft.

Radiale und tangentiale Liebe

Indem Teilhard die Erkenntnisse der Wissenschaft auf die Metaphysik bezog, eröffnete er uns einen vollkommen neuen Weg, das Sein selbst als Liebe zu begreifen. Da der theoretischen Physik zufolge Materie an sich relational ist, also aus Feldern vernetzter Energie besteht, existiert nichts unabhängig oder autonom. Wenn also Materie eine Energieform und die zentrale Ener-

lyst for Creative Union and Divine Love" in Ilia Delio: *From Teilhard to Omega: Co-creating an Unfinished Universe,* Maryknoll, NY: Orbis Books, 2013, Seiten 24–36, in welcher die Übersetzerin die Hymne »mit Einsichten aktualisiert, die [sie] aus den jüngsten naturwissenschaftlichen Erkenntnissen und der modernen Sophiologie gewonnen« hat. Für eine wortgetreue deutsche Übersetzung siehe Pierre Teilhard de Chardin: *Hymne an das ewig Weibliche,* mit einem Kommentar von Henri de Lubac, Einsiedeln: Johannes Verlag, 1968, Seiten 5–14.

10. Pierre Teilhard de Chardin: *Die menschliche Energie,* Seite 95.

gie des Universums die Liebe ist, dann stellt jegliche Materie eine Form von Liebe dar: Sterne sind Liebesenergie, Zellen sind Liebesenergie, Pflanzen sind Liebesenergie. Die Dinge existieren aufgrund ihrer Zusammenhänge und Wechselwirkungen. Eine Philosophie der Liebe ließe sich demzufolge so ausdrücken: Das Sein erscheint nicht vor der Vereinigung, vielmehr bildet die Vereinigung die Grundlage des Seins. Teilhard schrieb, »dass das Erste auf der Welt für unser Denken nicht ›das Sein‹ ist, sondern ›die Vereinigung‹, die dieses Sein erzeugt.«[11] Wirklichkeit bedeutet, »mit einem anderen zu sein« auf eine Weise, die offen ist für mehr Vereinigung und mehr Sein. Wenn das Sein schwindet, liegt es daran, dass die Liebesenergie ausgelöscht oder erstickt wurde. Zu sein bedeutet zu lieben, füreinander zu existieren. Ich bin nicht da, damit ich besitzen kann; vielmehr existiere ich, um von mir selbst zu geben, denn im Geben bin ich ich selbst. Sein ist zuallererst ein Wir, bevor es ein Ich werden kann. Kein Wesen kann aufstehen und sagen: »Ich habe es allein geschafft.« Kosmisches Leben ist an sich gemeinschaftlich. Das Universum wird durch die Energie der Liebe angetrieben, weil die Liebe das Herz des Universums ist.

Liebe verbindet und vereint, jedoch hängt die Anziehung zwischen zwei Elementen vom Bewusstsein ab. In dem es sich des anderen bewusst wird, wird das eine vom anderen angezogen, was selbstverständlich von den Eigenschaften jedes der beiden Elemente abhängt. Bis ins zwanzigste

11. PIERRE TEILHARD DE CHARDIN: *Mein Glaube*, Olten und Freiburg i.Br.: Walter-Verlag, 1972, Seite 270.

Jahrhundert verstand man Bewusstsein als ein ausschließlich menschliches Phänomen. Es war die Quantenphysik, die diese Vorstellung veränderte. Im frühen zwanzigsten Jahrhundert sprach der Physiker Max Planck vom Bewusstsein als für die Materie grundlegend, was bedeutet, dass wir Materie nicht unabhängig von Bewusstsein denken können. Er schrieb:

> Alle Materie entsteht und besteht nur durch eine Kraft, welche die Atomteilchen in Schwingung bringt und sie zum winzigsten Sonnensystem des Alls zusammenhält. Wir müssen hinter dieser Kraft einen bewussten intelligenten Geist annehmen. Dieser Geist ist der Urgrund aller Materie.[12]

Der Physiker Erwin Schrödinger dachte ebenso wie Planck, dass »Bewusstsein nie in der Mehrzahl, stets nur in der Einzahl erlebt wird« und »ein Singular ist, dessen Plural wir nicht kennen«;[13] alles beginnt mit Bewusstsein, dass selbst immateriell ist.

Teilhard vertrat die Vorstellung, dass Geist und Materie zwei Formen ein und desselben Stoffes sind. Geist oder Bewusstsein ist die Innerlichkeit der Materie, und die physikalische Anziehung ist die Äußerlichkeit der Materie. Diese Doppelvorstellung von Materie ließ ihn von zwei miteinander verbundenen Energien

12. Max Planck: »Das Wesen der Materie«, Vortrag von 1944 in Florenz, Archiv zur Geschichte der Max-Planck-Gesellschaft, Abt. Va, Rep. 11 Planck, Nr. 1797.

13. Erwin Schrödinger: *Was ist Leben?*, München / Zürich: Piper, 1989, Seiten 123 und 124.

sprechen, die im kosmischen Leben am Werk seien: der *tangentialen Energie* oder Energie der Anziehung, die alle Elemente derselben Ordnung voneinander abhängig macht, und der *radialen Energie,* die das Element in Richtung eines komplexeren und zentrierteren Zustandes zieht, einer Energie der Transzendenz. Die tangentiale Energie hat mit der Wechselwirkung zwischen Materie und Materie zu tun, die radiale Energie mit dem Bewusstsein. Indem Dinge sich gegenseitig anziehen und vereinigen, bilden sich neue Beziehungen und Bewusstsein erscheint.[14] Während die tangentiale Energie dem zweiten Hauptsatz der Thermodynamik gehorcht, was bedeutet, dass vereinte Entitäten im Laufe der Zeit zerbrechen, setzt sich die radiale Energie über diesen zweiten Satz hinweg und nimmt mit der Komplexität zu. Aufbauend auf dieser Quantenbeziehung von Geist und Materie sagte Teilhard, Materie sei der Urstoff des Geistes und Geist sei der höhere Zustand von Materie,[15] folglich schreitet die Evolution zu einem höheren Geist und zu mehr Bewusstsein voran. Er schreibt:

> Hartnäckig betrachten wir weiterhin im Universum das Physische als das »wahrhaft« konstituierende Phänomen und das Psychische als eine Art Epi-Phänomen. Doch sollte es nicht [...] richtig sein, wenn wir wahrhaft das Wirkliche einsmachen wollen, die

14. Vergleiche Pierre Teilhard de Chardin: *Der Mensch im Kosmos,* München: C. H. Beck, 1969, Seite 54–56.

15. Vergleiche Pierre Teilhard de Chardin: *Das Herz der Materie,* Ostfildern: Patmos Verlag, 2018, Seiten 42–43.

> Werte von einem Ende zum anderen umzukehren – das heißt, die ganze Thermodynamik [zu betrachten als] eine innere Energie der Einswerdung (die wahre Energie), die sich nach und nach durch Organisation von dem oberflächlichen System der das Physiko-Chemische konstituierenden Aktionen und Reaktionen ablöst? Mit anderen Worten, nicht nur eine einzige Art von Energie [verbleibt] in der Welt, sondern zwei verschiedene Energien (die eine axial wachsend und irreversibel – die andere peripher oder tangential, konstant und reversibel); diese beiden Energien sind dabei in der »Anordnung« aneinander gebunden, können sich jedoch unmittelbar untereinander weder verbinden noch ineinander transformieren, weil sie auf verschiedenen Ebenen wirken.[16]

Gott Omega

Was treibt diesen immensen Prozess der Evolution, der so voller Liebe ist, an? Teilhard teilte Darwins Evolutionstheorie nicht, sondern hielt es mit der Philosophie Henri Bergsons, der versucht hatte aufzuzeigen, dass das Auftreten des mit Freiheit ausgestatteten Menschen kein zufälliges Ereignis natürlicher Auslese war. Evolution, so Bergson, ist das Werk eines *élan vital,* eines der materiellen Welt innewohnenden Lebens-

16. Pierre Teilhard de Chardin: *Die lebendige Macht der Evolution,* Olten und Freiburg i. Br.: Walter-Verlag, 1967, Seiten 272–273.

impulses. Dieser Lebensaufschwung wird begrenzt von der Substanz, auf die er einwirkt; er übt Einfluss aus, ohne deterministisch zu sein. Die Evolution brachte den intelligenten Menschen hervor, der Freiheit, Entschlusskraft und Intelligenz besitzt, die es ihm ermöglichen, die Welt zu erobern. Und dennoch hat Intelligenz keinen Zugang zur wahren Realität. Obwohl die Evolution den Menschen hervorbringt, ist menschliche Anstrengung notwendig, um das Potenzial der Evolution zu verwirklichen; das Universum allein wird nicht zur menschlichen Vollendung führen. Während Darwin zwischen dem Auftauchen des Menschen und der menschlichen Vervollkommnung eine Kontinuität sah, gewahrte Bergson das Erscheinen des Menschen als einen Evolutionssprung und folgerte, mit dem Menschen sei etwas Neues in die biologische Sphäre eingetreten. Für den Darwinisten Lloyd Morgan war dieses neue Element die menschliche Fähigkeit der Selbstbewusstheit – ein entscheidender Schritt in der Entwicklung der Welt.

Teilhard entwarf seine Ideen auf der Grundlage von Bergsons Theorie der schöpferischen Evolution. Es ist der ihr zugrunde liegende Impuls in Richtung einer vertieften Einheit, der die Evolution schöpferisch macht. Indem das Leben bewusster und beziehungsreicher wird, steigt die Liebe empor. Wodurch wird das Leben zu größerer Einheit und Ganzheit befähigt? Teilhard nannte dieses vereinende Prinzip der Ganzheit »Omega«, eine moderne Version des Einen, wie es der Neuplatoniker Plotin beschrieben hatte. Das Eine, so Plotin, ist der grundsätzliche Ursprung von allem; es ist in jedweder Sache und dennoch jenseits jeglicher Begrenzung; es ist unveränderlich und äußerst transzendent. Teilhards Omega hingegen ist immanent und in Bewegung; es ist das intensivste personale Zentrum, das jedes Seiende im Evolutionsprozess personalisiert und zentriert. Teilhards Omega ist zwar in allen Dingen, doch ist es auch von allen Dingen verschieden; es ist in der Evolution und geht darüber hinaus.[17] Es besteht von Anfang an und wirkt auf »vorlebendige kosmische Elemente«, indem es sie in »einem einzigen Anstoß« in Bewegung setzt.[18] Für Teilhard ist Omega Gott und Gott ist in (der) Evolution.

Gott ist Liebe

Das Neue Testament offenbart, dass Gott Liebe ist. Besonders deutlich finden wir diese Aussage im ersten Johannesbrief, in dem der Autor schreibt: »Geliebte, wir wollen einander lieben; denn die Liebe ist aus Gott und jeder, der liebt, stammt von Gott und erkennt Gott. Wer nicht liebt, hat Gott nicht erkannt; denn Gott ist Liebe« (1 Joh 4.7–8). Schon immer übte diese Stelle eine faszinierende und geheimnisvolle Wirkung auf mich aus, weil der Name Gottes darin so gänzlich anthropomorphisiert wird. Viele Menschen stellen sich Gott als eine vollkommene Version unserer selbst vor – eine Art wohlwollender Großvaterfigur, die sich drohend

17. Vergleiche PIERRE TEILHARD DE CHARDIN: *Die menschliche Energie,* Seiten 351ff.

18. Ebenda, Seite 363.

über uns auftürmt. In der Bibel jedoch ist nirgendwo von einem älteren oder männlichen Gott die Rede. Gott ist kein Wesen: Gott ist das Sein als solches, das große »Ich bin«; kein Konzept des Seins, sondern die unbeschreibliche Erfahrung unserer *eigenen* Tiefe, offen für Transzendenz. Der heilige Augustinus war einer der ersten christlichen Autoren, welche dieses Gottesbewusstsein bezeugten:

> Spät hab ich Dich geliebt, Du Schönheit, ewig alt und ewig neu, spät hab ich Dich geliebt. Und siehe, Du warst innen und ich war draußen, und da suchte ich nach Dir. [...] Du aber warst noch innerer als mein Innerstes und höher noch als mein Höchstes.[19]

Thomas Merton ließ uns an seiner eigenen wunderschönen Sicht auf dieses göttliche Geheimnis Gottes teilhaben:

> Im Zentrum unseres Wesens gibt es einen Punkt des reinen Nichts, unberührt von Sünde oder Illusion, ein Punkt der reinen Wahrheit, ein Punkt oder ein Funke, der ganz und gar Gott gehört, über den wir niemals verfügen, von dem aus aber Gott über unser Leben verfügt, der unzugänglich ist für die Fantasien unseres Verstandes oder die Rohheiten unseres Eigenwillens. Dieser kleine Punkt des Nichts und der äußersten

19. AUGUSTINUS: *Confessiones – Bekenntnisse,* München: Kösel-Verlag, 1966, Seite 547 (Buch 10:27.38) und Seite 115 (Buch 3:6.11).

> Armut ist die uns eingeschriebene reine Herrlichkeit Gottes. Er ist sozusagen Sein Name, in uns eingetragen als unsere Armut, als unsere Bedürftigkeit, als unsere Abhängigkeit, als unsere Kindschaft. Er ist wie ein reiner Diamant, der im unsichtbaren Himmelslicht funkelt.[20]

Paul Tillich erkundete die Bedeutung Gottes, indem er über das sprach, was dem Leben Feuer schenkt. Sogar eine kritische oder wissenschaftliche Analyse der menschlichen Situation hat, so sagt er, »die Gegenwart von etwas Unbedingtem innerhalb des Selbsts und der Welt aufgezeigt.« Aus einem begrenzten menschlichen Gewahrwerden unserer Endlichkeit entwickelt sich ein Gewahrwerden des Unendlichen.[21] Gott lässt Sich nicht beweisen oder widerlegen. Gott existiert einfach oder vielmehr: Gott *ist* Existenz (Exodus 3.14: »Ich bin«). Jeder einzelne Aspekt des Lebens beginnt in Gott und hat, entsprechend dem Grad seiner Existenz, unendliche Güte.

Während die Mediävisten von Gott als »subsistentem Sein« sprachen, regt die Quantenphysik ein neues Verständnis des Seins als einer dynamischen Beziehung an. Joseph Bracken definiert das Sein in Bezug auf Bewegung, denn für Aristoteles ist Bewegung ewig und anhaltend: »Nie gab es eine Zeit, in der es keine Bewegung

20. Thomas Merton: “A Member of the Human Race” in *A Thomas Merton Reader*, New York: Doubleday / Image Books, 1974, Seiten 346–347.

21. Paul Tillich: *Systematische Theologie I–II*, Berlin / Boston: Walter de Gruyter & Co., 2017, Seite 213.

gab, und nie wird eine Zeit kommen, in der es keine Bewegung gibt.«[22] Wenn Bewegung immerwährend und beständig ist und das Sein immerwährend und beständig ist, können wir davon ausgehen, dass Bewegung und Sein dasselbe sind. Zu sein bedeutet, in Bewegung zu sein. In dieser Hinsicht ist die Unendlichkeit des Seins dynamisch, nicht feststehend. Sein ist eine niemals endende Wandlung von Potenzialität in Aktualität, eine anhaltende kreative Bewegung. Genau diese ewige Bewegung von Potenzialität in Aktualität liegt dem absoluten Seinsakt oder Gott zugrunde. Das heißt: Das göttliche Sein bewegt sich kraft Seines Ihm innewohnenden Dynamismus von der Potenzialität in die Aktualität. Gott ist immer aktiv als das Subjekt des andauernden Daseinsaktes oder als das andauernde Subjekt der Daseinsaktivität, was bedeutet, dass Gott beständig als Gott ins Sein kommt.[23]

Die Trinität der Liebe

Die dynamische Bewegung Gottes in Gottes eigenem Leben liegt dem schöpferischen Wesen Gottes zugrunde. Zu schöpfen bedeutet, etwas ins Sein zu bringen. Schöpferische Kraft ist vereinend und dynamisch, was der Grund dafür ist, dass Gottes Kreativität Gottes Liebe ist. Liebe ist hinausgehend, beziehungsorientiert und selbsthingebend. Wenn wir sagen, Gott ist dreifaltig,

22. Joseph Bracken: *The Creative Matrix: Creativity as Link Between East and West,* Eugene, OR: Wipf & Stock, 2006, Seite 18.

23. Ebenda, Seite 26.

sagen wir, dass Gott immer in der dynamischen Bewegung der Liebe ist. Gott ist selbstschöpfende Liebe, ausgedrückt in personalen Liebesbeziehungen, was den Dynamismus von Intersubjektivität einschließt wie auch die aus diesen Beziehungen entstehende Gemeinschaft. Die Quellfülle Gottes des Vaters, des Einen, Der nicht-erschaffene und unentsprungene sich selbst verbreitende Liebe ist, fließt ewig in die andere, die zweite göttliche Person, die Sohn, Wort und Abbild ist, das Wort der göttliches Mysterium ausdrückenden Liebe. Dieses unendliche Fließen der Liebe zwischen den personalen Energien von Vater und Sohn ist eingebunden in die schöpferische Weite des Geistes, des Zeichens für Gottes Offenheit in Liebe für die Zukunft und für neues Leben. Janet Kwamme schreibt:

> Es ist die Liebe, die die Personen in Einheit zusammenbringt; kraft der Großzügigkeit der Liebe strömt die Göttlichkeit aus und wirken die göttlichen Personen weiter. Die Liebe fließt aus der Quellfülle der Fruchtbarkeit [...] und entspringt im Einen, Der grenzenlose und unerschöpfliche Liebe ist.[24]

Die Quellfülle des Vaters drückt für alle Zeiten das Wort der Liebe aus, indem sie sich dynamisch in die Weltmaterie ergießt, sodass Gott durch die Energien der Liebe die Welt für immer

24. Janet C. Kwamme: "The *Fontalis Plenitudo*" in *Bonaventure as a Symbol for His Metaphysics,* unveröffentlichte Dissertation, Fordham University, 1999, Seiten 170 und 175.

in Worte fasst. Daher kann Gottes letzte Wirklichkeit an sich nicht in der Stofflichkeit lokalisiert werden, sondern einzig und allein in der Personifizierung: in dem, was Gott dem Anderen gegenüber ist. Nur in der Gemeinschaft kann Gott sein, was Gott ist, und nur in der Gemeinschaft kann Gott überhaupt sein.

Teilhard sagte, die Komplementarität von Gott und Welt sei dergestalt, dass die zwei Seinsweisen zusammengebracht werden, jede auf ihre Weise. Jede existiert in sich selbst und ist dennoch vereint mit der anderen, sodass das absolute Höchstmaß einer möglichen Vereinigung in einer neuen Gott-Welt-Vereinigung verwirklicht wird. Die vereinende Beziehung von Gott und Welt bedeutet, dass Gott ins Sein kommt, weil die Welt ins Sein kommt; und die Welt kommt ins Sein, weil Gott ins Sein kommt. Teilhard drückt es folgendermaßen aus:

> Sind wir nicht [...] unausweichlich auf dem Wege zu einer ganz neuen Konzeption des *Seins* [...]: Gott ist der Welt vollständig heterogen, und doch kann Er nicht auf sie verzichten?[25]

Ohne das physikalische Universum ist Gott nicht möglich, und ohne Gott würde das Universum nicht existieren. Gott und Welt sind ein sich ergänzendes Paar und zusammen bilden sie ein vereinigtes Ganzes. Es ließe sich sagen, dass Gott und Welt in der Evolution ihr wechselseiti-

25. Pierre Teilhard de Chardin: *Wissenschaft und Christus,* Olten und Freiburg i.Br.: Walter-Verlag, 1970, Seiten 103–104.

ges Verlangen in einer Hochzeit von Himmel und Erde ausleben, gerade weil Gott und Welt in schöpferischer Gemeinschaft ineinander verflochten sind. Jede Seinsweise existiert auf ihre eigene Weise in sich und miteinander,[26] sodass die schöpferische Bewegung des Lebens immer eine hin zur Fülle der Liebe ist, eine Bewegung, die zugleich göttlich, geschaffen und kosmisch ist. Die Welt ist nicht *ex nihilo* erschaffen, aus dem Nichts, sondern *ex amore,* aus der unendlichen Liebe Gottes.

Unendliche Liebe kennt keine Grenzen. Weil Gott Liebe ist, ist Gott auch niemals solitär oder allein. Vielmehr ist, wie Alfred Whitehead es ausdrückt, die Bedeutung des Einsseins eine schöpferische Einswerdung des Vielen: »Die vielen werden eins und [dadurch] um eins größer.«[27] Von aller Ewigkeit her wollte Gott ein Anderes lieben, nicht nur in Gottes eigenem dreifaltigen Leben, sondern in der unendlichen Vollkommenheit der Liebe, dem göttlichen Verlangen, die Liebe mit einem Geschaffenen zu teilen. Die Inkarnation *ist* die Fülle der göttlichen Liebe. Gott macht aus Gottes eigentlichem Selbst der Welt ein ewiges Geschenk. Zu sagen, dass die göttliche Liebe die Welt ausdrückt oder in Worte fasst, heißt, dass die Welt seit Ewigkeit her im Herzen Gottes ist; die Materie ist im Geist Gottes, bevor sie die Erde unseres Lebens formt.

26. Vergleiche Pierre Teilhard de Chardin: *Mein Glaube,* Seite 271.

27. Alfred North Whitehead: *Process and Reality,* New York: Free Press, 1979, Seiten 21–22.

Der franziskanische Theologe Duns Scotus aus dem dreizehnten Jahrhundert sagte, nicht die Sünde sei der Grund für Christus, sondern die Liebe. Seit aller Ewigkeit wollte Gott ein Geschöpf zu Gnade und zu Ruhm »lieben«. Noch bevor die Sterne geboren wurden, existierte Christus bereits im Herzen Gottes: »Er ist jenes Geheimnis, das seit ewigen Zeiten und Generationen verborgen war« (Kol 1.26). Christus wäre gekommen, ganz unabhängig davon, ob die Sünde jemals in die Geschichte eingetreten wäre oder nicht, weil in Gottes Absicht, zu lieben und zu erschaffen, Christus an erster Stelle steht.

Gottes Herz voller Liebe explodiert im Urknall und geht nach und nach auf zur Materie und zur Entwicklung des Bewusstseins. In Christus sind Gott und Kosmos ineinander verwoben und werden in Jesus von Nazareth zu explizitem Bewusstsein gebracht. Dank Jesus erkennen wir, dass wir in diesem relationalen Fließen belebender Liebe mitschwimmen. »Denn in ihm leben wir, bewegen wir uns und sind wir« (Apg 17.28). Wir sind in Gott und Gott ist in uns – als göttliche Liebe, die sich unerschöpflich ausdrückt, das *sarx* [das Fleisch] der Welt in Worte fasst. In uns lebt und bewegt Sich Gott und hat unser Sein. Diese ineinander verschränkte Wirklichkeit von Gottes Sein, menschlichem Leben und kosmischem Leben kann nur zum Vorschein gebracht werden, indem wir wach werden für die Performanz der Liebe, in der sich das verkörperte materielle Dasein dem Anderen entgegenstreckt.

Miterschaffende Liebe

Jedes Wesen wird im Sein gehalten durch die Weite der göttlichen Liebe, deren unendliche Tiefe über die Fassungskraft jedes endlichen Wesens hinausgeht; jedes Wesen dehnt sich nach seinem Selbstausdruck, nach seiner Sehnsucht zu lieben, so wie es geliebt wird, und streckt sich zu mehr Sein und mehr Leben. Es ist genau dieser dynamische, schöpferische Gott, Der offen ist für die Vollendung der unendlichen Liebe. Gottes Liebe wird in uns zur Vollkommenheit gebracht. Jeder Mensch sucht zu seiner Vervollständigung nach etwas oder jemandem Besonderen: einer Partnerin oder einem Ehegatten, einer Begleiterin oder einem Kameraden, einem Tier, einem Job, einer Karriere, einer Glaubensgemeinschaft, einem Sportteam, einer Musik, einer Kunst – nach dem, was uns ganz und liebenswert macht. Das zu finden, was mein Leben ganz und heil macht, bedeutet, meine wahre Liebe zu finden, und die echte Liebe zu finden, bedeutet, Gott zu finden. Liebende und Geliebter sind fortwährend auf der Suche nacheinander. Weil Gott Liebe ist, ist das gesamte Wesen Gottes auf den anderen zentriert. Gott kann Gottes Wesen nicht erfüllen, ohne einen anderen zu lieben. In den Worten von Charles Hartshorne: »Wir existieren, um [...] die göttliche Herrlichkeit zu vergrößern.«[28]

28. In Douglas Pratt: *Relational Deity: Hartshorne and Macquarrie on God,* Lanham, MD: University Press of America, 2002, Seite 174.

Gott ist zutiefst verwirklicht – nicht in den einzelnen Wesen, sondern in der Vielheit der Lieben, zu deren Darstellung sie existieren. Albert Nolan postuliert, dass »es besser ist zu sagen, das von uns als ›Gott‹ bezeichnete Geheimnis sei personal, statt von Gott als Person zu sprechen.«[29] In diesem Sinn existiert Gott nicht als ein absolutes Wesen, das eine (von Ihm) getrennte Existenz liebt, sondern Gott liebt vielmehr in und durch *unsere* Liebe *zueinander.* Die Verwirklichung der Liebe im Universum macht sie *personal.* Bei seinem Nachdenken über die Dynamik menschlicher Liebe gelangte Teilhard de Chardin zur Überzeugung, dass die vollkommene göttliche Liebe machtvoll und nah am geliebten Wesen sein muss. Daher muss sie auf eine unergründliche und tiefe Weise in jeglicher Beziehung präsent sein. Nur in ihrer Verwirklichung kann die Liebe auf einer *personalen* Ebene erfahren werden, in der Anziehung und den Beziehungen zwischen dem eigenen tiefsten Wesenskern und einem anderen. Die Verwirklichung Gottes in der Liebe bedeutet, dass Gott immer durch dynamische Liebesbeziehungen ins Sein kommt. Der dominikanische Mystiker Meister Eckhard schrieb: »Gott ist der Erste und der Jüngste«,[30] Gott ist der Anfang, und wenn wir mit Gott vereint sind, werden auch wir wieder neu. Gott ist im Werden des Seins. Wo Liebe in Bewegung ist, dort ist Gott, und wo Gott ist, dort ist die unendliche Verlockung der Liebe.

29. Albert Nolan: *Jesus Today: A Spirituality of Radical Freedom,* Maryknoll, NY: Orbis, 2006, Seite 146.

30. Meister Eckhart: *Werke II,* Frankfurt a.M.: Deutscher Klassikerverlag, 1993, »Traktat 1«, Seite 324.

Wenn wir uns auf die personalisierte Liebe einlassen, laden wir Gottes tiefere Verwirklichung in die und durch die erschaffene Realität ein. In jeder neuen Beziehung bringen wir neue Formen der Liebe ins Sein. Wir vergrößern das Wesen Gottes als Liebe. Folglich »schwelgt« Gott in der Schöpfung, weil wir in Liebesbeziehungen gemeinsam mit Gott miterschaffen; mein Leben und Gottes Leben lassen sich kraft der Energie der Liebe miteinander ein. Liebe absorbiert nicht etwa den einen in den anderen, sondern Liebe unterscheidet den einen vom anderen, denn nur in der Vereinigung mit einem anderen offenbart sich mein wahres Selbst. Je tiefer ich mich mit einem anderen vereinige, desto mehr bin ich ich selbst, da mein Wesenskern die Grundlage der Vereinigung ist. So ist also die Einheit der Liebe der strahlende Glanz der Personifizierung. In Liebe zu wachsen, bedeutet, in meine eigene Identität als Person hineinzuwachsen, es bedeutet, in Freiheit zu wachsen. Nur in Freiheit kann ich wahrhaft eine Person sein, ein relationales Wesen, zuhause im unendlichen Ozean der Liebe Gottes; und in diesem Ozean göttlicher Liebe bin ich frei.

2
In Liebe erschaffen

Ins Sein geliebt

Gott ist schöpferisch und dynamisch; Er ist eine Dreieinigkeit von Liebesbeziehungen, die dem Herzen der Schöpfung Energie verleiht. Die Schöpfung ist kein Objekt am äußersten Rand der göttlichen Macht; vielmehr entspringt sie den innersten Tiefen des dreifaltigen Lebens.[31] Die Schöpfung ist Ausdruck des Dynamismus göttlicher Liebe; sie ist das, was Gott in diesem Augenblick wirkt. Evolution ist der Prozess, durch den der dreieine Gott Sich in und durch die materielle Welt der Fülle der Liebe öffnet und die Welt in die größere Ganzheit des Verliebtseins liebt. Die göttliche Quellfülle der Liebe ergießt sich fortwährend in die Welt-Materie hinein und atmet im Geist neues Leben. Die Schöpfung ist eine Kenosis der Liebe Gottes, eine Selbstentleerung der göttlichen Liebe in die Materie. Die Schöpfung ist auch ein Ausdruck der Verletzlichkeit Gottes, Der aus der Liebe heraus erschafft. Gott tritt aus Gott heraus; Gott geht ein Risiko ein, indem Er ins Sein bringt, was nicht Gott ist, und in dieses eintritt. Die Schöpfung ist Gottes Geliebte und Gottes Werden in Liebe. Sie ist nicht bloß ein Akt Gottes, sondern Sein eigentliches Leben; Gott erfreut sich am Erschaffen und wird darin in Liebe immer wieder neu.

31. Siehe Ilia Delio: *Simply Bonaventure: An Introduction to His Life, Thougt, and Writings,* New York: New City Press, 2001, Seite 54.

Daher ist die Schöpfung Gottes Schicksal.[32] Gott wirkt, was Gott ist – das, was dem Wesen Gottes entspricht. Gott liebt, und dieser Akt göttlicher Liebe ist unendlich kreativ. Gott hat Seine kreative Freude am Dynamismus der Liebe.

Teilhard war der Überzeugung, dass Gott ohne die Schöpfung etwas vollkommen fehlen würde, nicht hinsichtlich der Fülle Seines Seins, sondern hinsichtlich der Fülle Seines Vereinigungswirkens. Die Schöpfung trägt zu Gott das bei, was Gott in Seinem eigenen Leben fehlt, nämlich Materialität. Indem Er in das eingeht, was nicht Gott ist, wird Er zu etwas Neuem in der Schöpfung: Gott wird *sarx,* Fleisch, Materialität. Die ineinander verwobenen Energien göttlicher und menschlicher Liebe steigen in diesem dynamischen Prozess des Lebens auf eine personale Weise empor: Gott wird materiell-physisch-menschlich, und der Mensch wird Gott. Dieses Emporsteigen Gottes in der Materie ist der Christus. Bonaventura beschrieb diese höchste Wirklichkeit in einer Predigt über die Auferstehung:

> Nun heißt es, dass alle Dinge in der Verklärung Christi verklärt [transformiert] wurden, weil etwas von jedem Geschöpf in Christus verklärt wurde. Christus hat als Mensch mit allen Geschöpfen etwas gemein. »Mit den Steinen teilt er das Dasein, mit den Pflanzen das Leben, mit den Tieren

32. Vergleiche Jürgen Moltmann: *Der gekreuzigte Gott: Das Kreuz Christi als Grund und Kritik christlicher Theologie,* Gütersloher Verlagshaus 2016, Seiten 108, 186 (Karl Rahner zitierend), 208 und a.a.O.

das Empfinden und mit den Engeln das Verstehen« [Gregor von Nyssa].[33]

Wie Teilhard de Chardin erkannte, kommt Gott aus der Tiefe der Materie hervor,[34] nicht geboren *im* Herzen der Materie, sondern *als* das Herz der Materie. Wir werden Gottes im Endlichen habhaft; wir kennen diesen Gott endloser Liebe in Raum, Zeit und Materie, indem wir zu dem Teil des Universums werden, der sich seiner selbst bewusst ist. Evolution ist das immer Neue des Lebens, das aus dem immer Neuen der göttlichen Liebe geboren wird. Die Schöpfung und die Menschwerdung sind zwei Dimensionen der selbstentleerenden Liebe Gottes. Gott wird Gott in und mit der Welt, und die Welt wird Welt in und mit Gott.

Lieben lernen

Jedes einzelne Lebewesen kommt aus den Tiefen der Materie und aus den Tiefen der Liebe zur Welt, weil jedes Wesen aus dem Herzen Gottes

33. Bonaventura da Bagnoregio: «Dominica secunda in quadragesima, Sermo I» in *Sermonis de tempore*, catholiclibrary.org: «Dicuntur autem omnia transfigurari in transfiguratione Christi, eo quod aliquid de omni creatura fuit in Christo transfiguratum. Nam Christus in quantum homo communicat cum omnibus creaturis. ‹Habet enim esse cum lapidibus, vivere cum plantis, sentire cum iumentis et intelligere cum angelis.› Cum ergo Christus, in quo in quantum homo de omni creatura est aliquid, sit transfiguratus; ideo dicuntur omnia in ipso esse transfigurata.»

34. Thomas M. King: *Teilhard's Mysticism of Knowing*, Seite 103.

geboren wird. Egal wie groß oder klein, wie sichtbar oder unsichtbar, alles ist aus Liebe und für die Liebe erschaffen. Sterne werden aus Liebe geboren und Sonnenstrahlen brechen aufgrund der Anziehung der Liebe hervor. Bäume sprießen aus dem liebenden Erdboden empor und Vögel schwärmen zusammen, weil die Energie der Liebe sie in eine Fluggemeinschaft zieht. Liebe entlockt den Wolken Regen, um die Erde zu wässern, und Schnee, um die Berge zu bedecken. Die Wärme der Liebe spüren wir im Feuer, und ihre Ekstase fühlen wir, wenn es außer Kontrolle gerät. Wie der Wind, weht die Liebe, wo sie will, und nichts kann sie hindern, über den Boden hinwegzufegen, auf dem jegliches Leben wandert. Genauso ergeht es uns Menschen. Es ist die Liebe, die uns morgens aufweckt und sich hineinstreckt in den Anbruch eines neuen Tages; die Liebe treibt uns an durch die Konflikte des Lebens, führt uns durch jeden einzelnen Tag und lädt uns ein zur abendlichen Ruhe. Die Liebe stärkt uns in Prüfungen, hält uns ab vom Rand der Verzweiflung und schickt uns inmitten der Dunkelheit einen Hoffnungsschimmer. Kein Wunder, dass der erste Augenaufschlag des Menschen einen Blick der Liebe, der wundersamen Zugehörigkeit, zum anderen wirft. Die menschliche Geburt ist eine Befreiung aus der Dunkelheit des Mutterschoßes in das Licht der Liebe. Mit unserem ersten Atemzug sehnen wir auf eine einzigartige und besondere Weise die Liebe herbei. Bonaventura schrieb, »dass du wahrer bist, wo du liebst, als, wo du lebst, denn, was auch immer du liebst, die Kraft der Liebe verwandelt es in sein Ebenbild.«[35]

Liebe ist der Boden allen Lebens, doch es ist die Gemeinschaft, die prägt, wie Liebe wächst. Manche Menschen werden in Familien hineingeboren, in denen Konflikte herrschen und in denen sie sich selbst nie geliebt fühlen; sie verbringen ihr ganzes Leben in Bitterkeit darüber, sich nicht geliebt zu fühlen. Andere kommen in Verhältnissen zur Welt, in denen sie Missbrauch ausgesetzt sind, in ein Umfeld, wo Liebe in Gewalt verdreht wurde; und manche werden in rigide Familienstrukturen hineingeboren, in denen Liebe als Schwächlichkeit angesehen wird. Und doch wachsen Menschen auch in liebevollen Familien auf, in denen sie lernen zu lieben. All diese Umstände wirken sich auf das Wachstum der Liebe aus, doch es gibt nichts, das die Suche nach Liebe auslöschen könnte. Ronald Rolheiser schreibt: »Wir werden ins Leben hineingefeuert mit einer von den Göttern stammenden Verrücktheit, und diese Energie ist die Wurzel aller Liebe, allen Hasses, aller Kreativität und Freude und aller Traurigkeit.«[36] »Wir werden ins Leben gefeuert« mit einer Geburtsenergie des Eros, der Leidenschaft. Dies bedeutet: Wir werden geboren, abgeschnitten, in ein Geschlecht geschickt und auf die Suche nach unserer Ganzheit. Das Wort »Sex« stammt von der lateinischen Wurzel *secare* und meint buchstäblich:

35. Bonaventura da Bagnoregio: «Soliloquium II, 2.12» in *Opuscula mystica,* catholiclibrary.org: «Puto, anima mea, quod verius es, ‹ubi amas, quam ubi animas›; quia ‹quidquid diligis, ipsa dilectionis vi in eius similitudinem transformans›.»

36. Ronald Rolheiser: *The Holy Longing: The Search for a Christian Spirituality,* New York: Image Books, 2014, Seite 192.

abschneiden, abtrennen, amputieren, vom Ganzen abspalten – so, wie wenn ein Zweig von einem Baum abgeschnitten wird. Rolheiser meint weiter: »Wir erwachen in unseren Kinderbettchen – allein, abgeschnitten, abgespalten vom großen Ganzen.«[37] Geschlechtlichkeit ist eine heilige Energie, die dem Herzen von Gottes Agape entspringt, Gottes Geschenk Seiner selbst; es ist eine weite und umfassende Energie. Eine gesunde Sexualität überwindet unsere Unvollständigkeit und treibt uns zur Einheit und zur Vollbringung dessen, was über uns hinausgeht. Wir sind sexuell gesund, wenn wir Liebe haben, Gemeinschaft, Teilhabe, Familie, Freundschaften, Anziehung, Kreativität, Freude, Entzücken, Humor und Selbsttranszendenz. Mit der Liebesenergie des Eros suchen wir nach Ganzheit, doch unsere Vollendung finden wir in der Agape, in der totalen Selbstschenkung, in der Hingabe unseres Lebens.

Auf der Suche nach Liebe

Es ist wahr, dass jeder Mensch nach Liebe sucht und geliebt werden will, aber der Ausdruck der Liebe nimmt in unterschiedlichen Kulturen ganz verschiedene Formen an. Dieser Tatsache wurde ich mir vor ein paar Jahren bewusst, als ich für eine internationale Gruppe von religiösen Schwestern und Brüdern in England einen Theologiekurs leitete. Am Schluss des Kurses bat ich den Studienkreis darum, mit den anderen zu teilen,

37. Ebenda, Seite 194.

was sie gelernt hatten und was sie mitnehmen würden. Eine afrikanische Schwester erhob sich und erklärte, sie wolle ein Lied für uns singen. Sie kam nach vorne und begann mit einem wunderschönen rhythmischen Lied; die anderen afrikanischen Schwestern im Raum stimmten sogleich mit ein und schon bald sang die ganze Klasse diese afrikanische Melodie. Am Ende des Liedes wandte sich diese Schwester zu mir und sagte: »In diesem Kurs hast du zu meinem Herzen gesprochen und ich weiß, dass wir eins sind.« Es war ein unvergesslicher Moment des Geistes, ein Augenblick, in dem der Himmel im Klang eines wirkmächtigen Liedes in einen Klassenraum voller Studierenden hineinbrach. Liebe singt aus dem Herzen; sie kennt keine Grenzen, keine Hautfarbe, kein Geschlecht und keine Religion. Liebe erkennt sich selbst nur in den Kräften des Beziehungslebens. Liebe lässt sich nicht einschließen oder besitzen; vollkommene Liebe ist vollkommen frei. Wenn Liebe unser Leben vervollkommnen soll, müssen wir aus dem Zentrum wahrhaftiger Liebe leben, der authentischsten Liebe, die unserer Seele Freude und Frieden schenkt, die unser Herz befreit und das Leben mit Energie versorgt.

Jeder Mensch hat seinen einzigartigen Weg, seine besondere Rolle in der Welt. Jede einzelne Person ist ein Wort der Liebe, ausgedrückt durch das ewige Wort Gottes. »Noch ehe Ich dich im Mutterleib formte, habe Ich dich ausersehen«, schrieb Jeremias (1.5). Gott kennt uns schon, bevor die Sterne entstehen: »Herr, Du hast mich erforscht und kennst mich. Ob ich sitze oder stehe, Du kennst es. Du durchschaust meine

Gedanken von fern. [...] Du selbst hast mein Innerstes geschaffen, hast mich gewoben im Schoß meiner Mutter« (Psalm 139.1–13). Jeder Mensch ist ein göttliches schöpferisches Werk der Liebe. Das menschliche Gesicht offenbart Gottes ausgesprochene und besondere Liebe für jeden einzelnen Menschen. Die heilige Klara von Assisi war bekannt als die »Spiegel-Mystikerin«, weil sie ihre spirituellen Einsichten aus ihrer tiefen Reflexion über das Kreuz von Jesus Christus gewann. Sie schrieb ihrer Freundin Agnes von Prag, das Kreuz widerspiegle unser wahres Abbild. »Schaue jeden Tag auf dieses Kreuz«, riet sie Agnes, »und studiere dein Gesicht darin, sodass du geschmückt wirst mit inneren und äußeren Tugenden.« Spiegelt Ihr Gesicht, was in Ihrem Herzen ist? Wenn das Abbild dessen, wer wir sind, das spiegelt, was wir sind, wenn unser Gesicht ausdrückt, was unser Herz erfüllt, dann widerspiegeln wir Christi, das Abbild fleischgewordener Liebe – Gottes Agape.

Falsche Arten der Liebe

Der Marktkapitalismus basiert darauf, falsche Arten der Liebe zu schaffen, Anreize, die uns in ihre Umlaufbahn der Kaufkraft hineinziehen. Besitzen wir dann das Objekt unserer Begierde, versetzt uns dies für eine kurze Zeit in Hochstimmung, dann langweilt es uns und danach wird es alt und überflüssig. Materielle Dinge vermögen die tiefsten Wünsche des menschlichen Herzens nicht zu befriedigen. Sie können unsere Schränke füllen, doch nicht unsere Seele, die für die Liebe geschaffen ist. Konsumdenken spiegelt die Entstellung der Liebe in unserem Zeitalter wider, die Magnete der Begierde, welche Liebe in Bedürftigkeit und Wunsch verkehren, in Besitzgier und Macht. Der Konsumismus spielt mit den Gefühlen der Liebe, die aus vielerlei Gründen im Trott des Egos stecken bleiben können. Mit dem verwundeten Ego Handel zu treiben, unterfüttert die Verlockung des Konsumdenkens.

Heute wird der Konsumismus durch Technologien angetrieben, die unser Leben schneller, smarter, effizienter und vernetzter machen. Social Media im Besonderen haben sich der Energien der Liebe bemächtigt und diese in Profit umgewandelt. Junge Menschen surfen im Netz von einer App zu nächsten und legen sich vielfältige Identitäten zu in der Hoffnung, ihr liebenswertes Selbst zu finden. Marketing und Konsum speisen sich aus den Unvollkommenheiten menschlicher Liebe, die sich schnell in Hass, Rache, Eifersucht, Ärger oder Enttäuschung verwandeln können. Künstliche Intelligenz und Roboter versprechen eine »göttliche« Liebe, die uns so akzeptiert, wie wir sind, ohne Urteil oder Bestrafung. Technologie kann unser Leben erleichtern, aber kann ein Roboter die Wärme einer menschlichen Umarmung ersetzen?

Die tiefgründigste Wirklichkeit der Liebe kann nicht außerhalb von uns gefunden werden, weil diese tief in unserem Inneren wohnt. Die Gesamtheit des menschlichen Lebens ist die Suche nach der letzten Liebe, die niemals nachlässt oder erkaltet. Wir suchen nach beständiger Liebe, weil Liebe die Schwerkraft unserer Seele ist, die den Kosmos mit unserem einzigartigen

Menschsein prägt. Wie wir im Verlauf unseres Lebens lieben, wie wir Liebe in unseren Beziehungen verwirklichen, wie wir darin versagen zu lieben, wie fähig oder unfähig wir sind zu vergeben, wie mitfühlend oder hart unser Herz ist, all diese Liebesentscheidungen bestimmen, wer wir sind und was wir dem Universum hinterlassen. »An unserem Lebensabend werden wir nur nach der Liebe gefragt werden«, schrieb Johannes von Kreuz. Daher macht es also einen Unterschied, wie wir das, was wir lieben, priorisieren und wie wir unser Leben auf die Fülle der Liebe hin gestalten. Das ist die Funktion der spirituellen Reise.

Die Armut der Liebe

Der erste Schritt auf unserer menschlichen Reise in das Herz der Liebe besteht darin, unser Begehren zu hinterfragen. Wonach suche ich wirklich? Was möchte ich? Um diese Fragen ernsthaft zu stellen, müssen wir uns mit unseren tiefen inneren Leidenschaften konfrontieren, die unsere Entscheidungen antreiben. Als Franz von Assisi die Evangelien beim Abschnitt über die Wiederauferstehung öffnete, an jener Stelle, wo Jesus seine Schüler und Schülerinnen dazu aufrief, all ihr Hab und Gut zu verkaufen, ihr Kreuz auf sich zu nehmen und ihm zu folgen, rief Franziskus aus: »Das ist's, was ich will. Das ist's, was ich suche! Das verlange ich aus innerstem Herzen zu tun.«[38] Ohne Zeit zu verschwenden, änderte er

38. Dieter Berg und Leonhard Lehmann [Hrsg.]: *Franziskus-Quellen,* Kevelaer: Butzon & Bercker, 2009, Seite 213.

radikal sein Leben, um seinem Verlangen zu folgen. Mike Leach, mein früherer Lektor bei Orbis Books, erzählte mir einmal davon, wie er seine Frau kennenlernte. Er betrat eine Bar, sah diese schöne Frau und dachte: »Diese Frau werde ich heiraten. Das ist es, was ich von ganzem Herzen will.« Begehren ist ein Anzeichen dafür, dass Liebe tatsächlich ein Mysterium ist. Der eine Mensch fühlt sich tief zu Gott hingezogen, während ein anderer Mensch von einer schönen Frau angezogen wird. Diese Schwerkraft, mit der wir zu einem besonderen Anderen hingezogen werden, ist das Geheimnis der Liebe, das seit aller Ewigkeit verborgen ist. Alle Arten der Liebe führen zur Ganzheit, wenn das Begehren echt ist und das Herz rein. Die Entscheidung für die wahre Liebe ist heilig.

Wie dem auch sei, wahre Liebe ist schwer zu finden und schwierig festzuhalten. Begehren allein reicht zum Erlangen wahrer Liebe nicht aus. Es bedarf des Vermögens, Liebe entgegenzunehmen. Unsere geschäftigen und verstrickten Leben sind angefüllt mit Ängsten und Sorgen; unsere Gehirne sind ermüdet vom dauernden Zustrom von Informationen aus all unseren technischen Geräten. Somit gibt es nur wenig Raum in unserem Inneren, um Liebe willkommen zu heißen. Doch nur wenn wir von anderen Liebe empfangen können, vermögen wir, anderen Liebe zu schenken. Liebe ist nicht nur pragmatisch oder handlungsorientiert; Liebe ist geduldig und bescheiden; sie schäumt vor Energie und wächst im Moment des Zusammenseins: aus einem Lächeln, einer Hand, einer Wärme menschlicher Gegenwart. Liebe zu empfangen und Liebe zu geben, ist ein Schimmern des Himmels auf Erden.

Lieben, ohne zu besitzen

Am Anfang seines spirituellen Klassikers *Reise der Seele in Gott* erinnert uns Bonaventura daran, dass wir Gott nicht finden können, ohne in die Armut der Wüste zu gehen: »Hier beginnt die Betrachtung über den Armen in der Wüste.«[39] Der arme Mensch ist jener, der sein Bedürfnis nach Gott erkennt. Gemäß Bonaventura befindet sich die menschliche Person in der Armut der Wüste einfach, weil sie erschaffen wurde. Die Armut ist begründet in unserer Existenz als Geschöpf und darin, dass wir Gott nicht gleich sind. Wenn ich die Frage stelle: »Wer bin ich?«, beginne ich ein Leben der Armut, weil die Antwort eine radikale Abhängigkeit bedeutet. Ich bin nicht die Quelle meines eigenen Lebens; vielmehr stamme ich von Gott und gehöre zu Gott. Einfach, indem ich ein Mensch bin, bin ich arm, weil ich für meine Existenz als Wesen von Gott abhängig bin. Alles, was ich habe, ist mir geschenkt, ist mir großzügig gegeben von einem Gott barmherziger Liebe.

Für Franz von Assisi war Armut der Schlüssel zur Liebe. Der arme Mensch lebt in Abhängigkeit von anderen. Armut heißt, imstande zu sein zu sagen: »Ich brauche dich. Ich bin unvollständig ohne dich.« Er trat dafür ein, dass seine

39. Bonaventura da Bagnoregio: Prolog zur *Itenarium mentis in Deum,* catholiclibrary.org: «Incipt speculatio pauperis in deserto.»

Nachfolger *«sine proprio»* leben sollten – nicht ohne Dinge, aber ohne, Dinge zu besitzen. Besitz vermittelt die Illusion von Eigentum und Kontrolle: Ein Eigentümer braucht keinen anderen Menschen oder die Dinge der Erde oder eine liebende Verantwortung ihnen gegenüber. Franziskus sah Armut im Kontext menschlicher Beziehungen. Er sprach von drei Bereichen, in denen *sine proprio* gelebt werden sollte: 1) unser inneres Selbst und was wir selbst besitzen, 2) unsere Beziehungen mit anderen und was wir in dieser Hinsicht besitzen und 3) unsere Beziehung zu Gott und was wir in Bezug auf Ihn besitzen.[40] In allen drei Bereichen fordert Franziskus seine Nachfolger auf, »nichts von sich selbst für sich selbst zurückzuhalten«, sodass wir uns vollständig Gott hingeben können, Der uns großzügig Gottes Selbst gab.[41] Franziskus lebte in der Armut der Liebe und Liebe wurde seine innerste Wirklichkeit.[42] Das Herz, nicht bloß der Verstand, zeigte Franziskus, dass die Liebe die größte Macht für das Gute im Universum ist. Die Liebe lüftet das Geheimnis im Herzen von allem. Das menschliche Herz weiß um die Verletzlichkeit der Liebe; sie kann sich der Lächerlichkeit und Zurückweisung preisgeben, doch bezwungen oder zerstört werden kann sie nicht. Das

40. Eine gute Betrachtung über Franziskus und Armut finden wir bei Regis J. Armstrong: *Saint Francis of Assisi,* New York: Crossroad, 1994, Seiten 154–165.

41. Regis J. Armstrong, J.A. Wayne Hellmann und William J. Short [Hrsg]: *Francis of Assisi: Early Documents,* New York: New City Press, 1999, "A Letter to the Entire Order", Band I, Seite 118.

42. John Grygus: "Poverty and Prayer: The Franciscan Way to God" in *The Cord,* Nr. 38, 1989, Seite 47.

sehnsuchtsvolle Herz sagt: Lass los und riskiere alles, denn im Augenblick der Hingabe werden das Selbst und der Kosmos eins.[43] Die Liebe verband Franziskus mit den Dingen der Schöpfung und öffnete ihm die Augen für die Wahrheit Gottes im wundersamen Leben des Universums. Die Liebe zeigte ihm die gegenseitige Verbundenheit aller Dinge und öffnete sein Herz für die Liebe auf einer tieferen Ebene. Seine Abhängigkeit von allem erschaffenen Leben – Vögeln, Würmern, Blumen, Regen, Wind und Sonne – offenbarte ihm, dass einzig die Liebe uns miteinander zu verbinden vermag.[44] Wenn wir nicht das Bedürfnis verspüren, alle Dinge des Lebens zu kontrollieren, können wir das Geschenk des anderen empfangen und die Güte des Lebens feiern. Anstatt uns über und gegen den anderen zu stellen, können wir uns unserem Nachbarn uneingeschränkt in Liebe zuwenden. Wenn wir uns gegenseitig als Familie akzeptieren, als jemanden, mit dem ich verwandt bin, von dem ich abhängig bin und der abhängig von mir ist, dann lebe ich als arme Person in der Erkenntnis, dass alles Leben wohlwollend gegeben wird und wohlwollend entgegengenommen werden muss.[45]

43. Eric Doyle: *St. Francis and the Song of Brotherhood,* New York: The Franciscan Institute, 1980, Seite 6.

44. In seiner Schrift *Das Gedenken an die Sehnsucht einer Seele über die Taten und Worte unseres heiligsten Vaters Franziskus* beschreibt Thomas Celano die Verehrung Franziskus' für die Natur und sagt: »Wahrlich, jene quellengleiche Güte, die ›alles in allem‹ [1 Kor 15.28] sein wird, zeigte sich für diesen Heiligen ganz deutlich in allem«, was darauf verweist, dass Franziskus die Güte Gottes überall in der Schöpfung erkannte. Siehe Regis J. Armstrong [et al.]: *Francis of Assisi: Early Documents,* Band II, Seite 354.

Die Liebe bindet uns aneinander

Unsere Welt ist zunehmend komplex geworden. Ungeachtet der Tatsache, dass wir heute durch die Technologie stärker miteinander verbunden sind als in jedem vergangenen Jahrhundert, beschleicht uns ein Gefühl der Einsamkeit und Isolierung. Racial Profiling, Geschlechterdiskriminierung, weißer Rassismus und gesellschaftliche Konflikte dominieren die Nachrichten – trotz unserer globalen Verbundenheit durch Internet und Massenmedien. Wie Sheri Turkle schrieb, sind wir »zusammen allein«. Wir erwarten mehr von unserer Technologie und weniger voneinander, weil wir den Willen zu lieben verloren haben. Wir haben die Armut der Wüste abgelehnt, die Armut des voneinander abhängigen Lebens. Die Wunden unserer Einsamkeit stammen aus unserem Versagen, uns im Angesicht unserer Unterschiede zu lieben. Unser Liebesversagen ist die Ursache unserer menschlichen Energiekrise.

Unsere tiefste Wirklichkeit, vom winzigsten Materiepartikel bis hinauf zum höchsten Göttlichen, ist Liebe. Liebe allein macht uns menschlich; sie verwandelt uns in Menschen des Mitgefühls, der Empathie, des Friedens, der Wohl-

45. Obwohl Franziskus nicht explizit sagte, dass ihn Armut erkennen ließ, dass alles Geschenk sei, begann er sein *Testament* mit den Worten: »Der Herr gab mir [...], um mit der Buße zu beginnen.« Danach fährt er fort zu erklären, dass in allen Aspekten seines Lebens »der Herr mir gab«, was darauf hinweist, dass er alles als Geschenk verstand. Siehe Regis J. Armstrong [et al.]: *Francis of Assisi: Early Documents,* Band I, Seiten 124–127.

tätigkeit und der Vergebung. Jeder Mensch sucht nach Liebe und danach, geliebt zu werden. Die Liebe rund um den Planeten wieder neu zu beleben und sie als Ethik auf allen Ebenen des Lebens wirksam zu machen, heißt, die Heilung dieser Erdengemeinschaft von ihren Trennungen einzuleiten, den Schmerz der Gewalt in Verbindungen des Mitgefühls zu verwandeln und den Balsam zu erkennen, der all unsere Wunden heilt. Lieben bedeutet loszulassen und sein zu lassen; sich selbst im anderen zu finden; zu erkennen, dass unsere Unterschiede eine Quelle von Einheit sein können, wenn wir diese Unterschiede als Fraktale der Liebe sehen, die göttliches Licht ausstrahlen. Von den Tiefen der Materie bis zu den Gipfeln des menschlichen Intellekts zieht Liebe zusammen und vereint. Der Physiker David Bohm schrieb: »Als menschliche Wesen und Gesellschaften scheinen wir voneinander getrennt zu sein, doch in unseren Wurzeln sind wir Teil eines unzertrennlichen Ganzen«,[46] weil wir an denselben fundamentalen Energien der Liebe teilhaben.

46. David Bohm: *Wholeness and Implicate Order*, London: Routledge, 1980, Seite 5.

3
Für die Liebe erschaffen

Wofür leben wir eigentlich? Das ist die Frage, die sich viele von uns am Ende eines langen Tages stellen, ganz besonders inmitten einer Pandemie und den konfliktreichen Zeiten unseres Lebens. Wenn ich diese Frage vom Standpunkt einer Theologie der Liebe aus betrachte, lautet meine Antwort schlicht: Wir leben für die Liebe. Angesichts von Katastrophen, von Augenblicken der Dunkelheit, von leidvollen Krankheiten, von Qualen der Angst, von Zerstörung durch Kriege und von Unsicherheit über das Unbekannte ist die Liebe unser einziger Anker in den Turbulenzen des Lebens. Wenn wir an der Liebe zweifeln, zweifeln wir auch an unserer eigenen Existenz. Wir wurden nicht nur aus Liebe geboren, wir sind auch auf die Fülle der göttlichen Liebe ausgerichtet. Manchmal erscheint ein Optimismus der Liebe als undenkbar; und doch ist er der Kern der christlichen Geschichte. Wie der Autor des ersten Korintherbriefes sagt: »Wir verkünden, wie es in der Schrift steht, was kein Auge gesehen und kein Ohr gehört hat, was in keines Menschen Herz gedrungen ist, was Gott denen bereitet hat, die Ihn lieben« (1 Kor 2.9). Deshalb besteht die Herausforderung unseres Lebens nicht darin, uns bloß zu verlieben, sondern zur Gänze der Liebe zu verfallen, weil die vollständige Verpflichtung in Liebe schlichtweg allesentscheidend ist.

Treue in der Liebe

Jesus, der Christus, ist das Symbol für Gottes absolute Treue in der Liebe. Wir werden niemals wissen, was dieser Mann aus Nazareth alles durchmachen musste oder wie sich die öffentliche Erniedrigung und der Schmerz seines freiwilligen Todes am Kreuz anfühlten; dennoch ist es seine Entscheidung für den Tod zum Wohle eines größeren Lebens, die den Gipfel unseres christlichen Glaubens bildet. Wenn ich sage, ich sei aus Liebe geboren, wie sehr bin ich dann bereit zu leiden, auf dass die Liebe den Sieg davontragen kann? Ohne Gottes Verpflichtung zur Liebe und die Tiefen göttlicher Liebe, die am Kreuz sichtbar wurden, sind die Leiden der Welt nichts anderes als grausam und tragisch. Wenn wir für nichts anderes leben, als für uns selbst, dann leben wir für etwas Flüchtiges, Zerbrechliches und Vergängliches. Auf Gott zu vertrauen, bedeutet, Vertrauen in die Macht der göttlichen Liebe zu haben, einer Liebe, die alles erträgt, alles erleidet, alles erhofft.

> Die Liebe ist langmütig, die Liebe ist gütig. Sie ereifert sich nicht, sie prahlt nicht, sie bläht sich nicht auf. Sie handelt nicht ungehörig, sucht nicht ihren Vorteil, lässt sich nicht zum Zorn reizen, trägt das Böse nicht nach. Sie freut sich nicht über das Unrecht, sondern freut sich an der Wahrheit. Sie er-

> trägt alles, glaubt alles, hofft alles, hält allem stand (1 Kor 13.4–7),

schrieb der heilige Paulus. Gott ist treu, weil Gott die bedingungslose Liebe ist.

Über Liebe so zu sprechen, als würden wir die Wirklichkeit der Sünde, des Bösen und des Leids ignorieren, bedeutet aber, dass uns der Lohn der Liebe entgeht. Tatsächlich zeigt die wirkliche Liebe ihre wahre Höhe durch die Fenster des Leidens. Bonaventura sprach vom gekreuzigten Christus: »Er war schön [verherrlicht] in dem, was ihn der Verachtung preisgab.«[47] Dies ist eine harte Aussage, Schönheit inmitten des Leidens am Kreuz, doch in diesem Mysterium erkennen wir, dass Gott nichts zurückhält, wenn Er uns Sich selbst schenkt, sogar im Tod am Kreuz. Das Kreuz bedeutet einen Gott, Der gänzlich involviert ist in die Welt und Sich letzten Endes um die Erfüllung der Welt in Liebe sorgt. Abraham Heschel sagt, die Essenz hebräischen prophetischen Glaubens bestehe darin, dass Gott das Volk Seiner Bundesliebe derart ernst nimmt, dass Er wegen dessen Handlungen leidet. Gott »wohnt« so sehr »in« den Israeliten, dass Er sogar mit ihnen ins babylonische Exil geht und ihre beklagenswerte Not fühlt. Diese Fähigkeit, in verletzlicher Liebe mit anderen mitzufühlen, ist Teil dessen, was es bedeutet, Gott zu sein.[48] Elie Wiesel, der den Horror des Holocausts überlebte,

47. Bonaventura da Bagnoregio: *Sermon 1 Epiph* (IX, 148 a): «Hoc ipso quod despectus fuit, hoc ipso fuit gloriosus.»

48. Dennis Ngien: “The God Who Suffers” in *Christianity Today*, 3. Februar 1997, Seite 40.

sagte, das Gegenteil von Liebe sei nicht Hass, sondern Gleichgültigkeit. Wäre Gott gleichgültig – teilnahmslos –, könnte Er nicht lieben. Wiesel erzählt die bekannte Geschichte von den zwei jüdischen Männern und dem Kind, die in einem Konzentrationslager der Nazis gehängt werden sollten. Alle Gefangenen mussten sich vor den Galgen aufstellen, um dem furchtbaren Spektakel beizuwohnen. Wiesel schrieb, dass die beiden Männer schnell starben, das Kind aber eine lange Zeit voller Qualen dort in der Schlinge hing. Einer der Gefangenen schrie: »Wo ist Gott?«, und in seinem Inneren hörte Wiesel eine Stimme antworten: »Wo Er ist? Hier – Er hängt hier, an diesem Galgen.«[49] Jede andere Antwort, sagte Jürgen Moltmann, wäre Blasphemie. Gottes Leiden in Liebe ist unsere Ermächtigung. In Liebe zu leiden, bedeutet, das Ego aus dem Selbst weichen zu lassen und das Selbst in die Zukunft von Gottes Liebe hinein zu entleeren. Wie Dietrich Bonhoeffer in einem Konzentrationslager erkannte: Nur ein leidender Gott vermag zu helfen. Erst, wenn wir begreifen, dass Gott mit uns leidet, wissen wir um die göttliche Macht der Liebe. In der verborgenen Macht von Gottes Liebe sind wir frei und stark genug, uns der Gewalt zu stellen, mit der wir konfrontiert sind. So wie die schwangere Felicitas, die Dienerin Perpetuas, dem Wächter antwortete, als der sie fragte, wie sie den Raubtieren im Kolosseum begegnen wolle: »Ja, ich leide jetzt, doch wenn ich den Tieren gegenüberstehe, wird Christus in mir leiden und so werde ich die Kraft

49. Elie Wiesel: *Die Nacht: Erinnerung und Zeugnis*, Freiburg i. Br.: Herder, 2022, Seite 23.

haben, den Tod zu ertragen, der mir bevorsteht, weil ich sterben werde im Versprechen auf ein neues Leben in Christus.«[50]

Das Leiden Gottes

Der kanadische Theologe Gregory Baum schrieb, Leiden könne zwei Bedeutungen haben. Einerseits weist Leiden auf ein Fehlen von etwas hin, das zu unserer Ganzheit gehört. Wir leiden, weil wir selbst verletzlich sind; wir können unsere Gesundheit verlieren, unsere Familie, unsere Freunde, unseren Job und all das andere, was uns wichtig ist. Diese Art des Leidens könnte man als Leiden *ex carentia* (aus Mangel) bezeichnen. Wir können andererseits aber auch leiden, weil unsere Freunde oder Familie verletzlich sind: Es zerreißt uns das Herz, weil sie etwas verloren haben, das zu ihrer Ganzheit gehört. Wir leiden mit ihnen, weil wir unsere Liebe und unsere Solidarität auf sie ausgeweitet haben; wir leiden mit ihnen, weil wir über uns hinausgegangen sind und uns mit ihnen identifiziert haben; wir leiden, weil innerer Reichtum und innere Fülle es uns ermöglicht haben, uns selbst zu verschenken. Baum nennt dieses Leiden *ex abundantia* (aus der Fülle). Leiden *ex abundantia* ist Mitgefühl. Gott kann nicht *ex carentia* leiden – Gott kann nichts verlieren, was zu Seiner Ganzheit gehört –, Gott leidet mit uns *ex abundantia,* aus dem un-

50. Eine deutsche Übersetzung der »Passion der Heiligen Perpetua und Felicitas« von Oda Hagemeyer OSB und Basilissa Hürtgen OSB ist zu finden unter: http://ivv7srv15.uni-muenster.de/mnkg/pfnuer/martyrium-felicitas.html.

ermesslichen göttlichen Herzen der Liebe; Er teilt unseren Schmerz und trägt unsere Last.[51]

Bonaventura beschreibt das Leiden Gottes als eine Teilnahme *ex abundantia.* Aus der Quellfülle von Gottes demütiger Liebe teilt Er den Schmerz und das Leid der Welt. Dies ist ein Gott, Der uns so »verwegen nahe«kommt, dass die Grenzen zwischen dem, was menschlich, und dem, was heilig ist, verschwimmen.[52] Leid ist der Ort der Verwandlung. Es ist die Tür, durch die Gott in unser Leben eintreten und uns lieben kann, wo wir sind – in unserer menschlichen Schwäche, unserem Elend und unserem Schmerz. Wenn wir unser Bedürfnis, Kontrolle auszuüben, unsere Ängste und unsere Sorgen loslassen und die Mauern einreißen, die unser Leben von Gott trennen, können wir uns für Gott öffnen, Der uns unendlich nah ist, Der uns durch unseren Schmerz in ein neues Leben hinein liebt. Liebe ist gegenseitige Verbundenheit, und Gott respektiert unsere Entscheidung, die Türen unseres Herzens für die göttliche Barmherzigkeit verschlossen zu halten. Doch dies hält Ihn nicht davon ab, die Gebrochenheit unseres Lebens aus der Fülle der Liebe zu teilen. Weil Gott die Quellfülle der Liebe ist, kann Er unser Leid teilen und uns durch unser Leid in ein neues Leben hineinziehen. Wie Klara von Assisi erkannte: Gott beugt Sich im Kreuz nieder, um unsere

51. Gregory Baum: "Meister Eckhart and Dorothee Sölle on Suffering and the Experience of God" in *Light Burdens, Heavy Blessings,* Quincy, IL: Franciscan Press, 2000, Seiten 235–236.

52. Patrick Malone: "A God Who Gets Foolishly Close" in *America,* 27. Mai 2000, Seite 22.

Tränen zu teilen, aus einem Herzen voller Barmherzigkeit und Liebe – und wir sind von dieser Umarmung umfangen.

Der Lohn der Liebe

Wenn unser Leben auf die Fülle der Liebe hin ausgerichtet ist, müssen wir auch anerkennen, dass der Lohn der Liebe der Tod ist; auf dem ganzen Weg dahin werden Opfer und Loslassen nötig sein. Dieser Wahrheit begegnen wir sogar auf den grundlegendsten Ebenen des physischen Lebens. Die evolutionäre Entstehung des Lebens hat einen Preis: Individuelle, isolierte Existenzen müssen aufgegeben werden, damit stärker integrierte Formen des Lebens erscheinen können. Opfer in der Natur müssen im Hinblick auf das Werden der Natur verstanden werden, wie der Philosoph Holmes Rolston schreibt: »Unter den Geschöpfen aus Fleisch und Blut ist jedes ein Blutopfer und stirbt, damit andere leben können. [...] In ihren schönen, tragischen und auf ewig unvollständigen Leben sprechen sie für Gott; sie prophezeien durch ihre Teilnahme am göttlichen Pathos. [...] Sie beteiligen sich an der göttlichen Arbeit.«[53]

Das Universum ist im Wesentlichen kreuzförmig: Alles Leben müht sich, angetrieben von der Energie der Liebe, durch die Begrenzungen der Natur hin zu mehr Leben. Der Tod ist kein erra-

53. Holmes Rolston III: "Kenosis and Nature" in John Polkinghorne [Hrsg.]: *The Work of Love: Creation as Kenosis,* Grand Rapids: William B. Eerdmans, 2001, Seite 57.

tischer, abgetrennter Aspekt des Lebens; er ist ein integraler Teil der sich entfaltenden Fülle des Lebens. Holmes Rolston schreibt, dass »achtundneunzig Prozent aller Spezies, die jemals existiert haben, ausgestorben sind, und [dennoch] speist der Tod eines Organismus den Nichttod der Spezies. [...] Alles in allem ist mehr entstanden als ausgestorben – was, über die ganze Evolutionsgeschichte betrachtet, zur Zunahme sowohl der Diversität als auch der Komplexität geführt hat.«[54] Metaphorisch ähnelt die Erde eher einer mit dem Leben schwangeren Gebärmutter als einer Löwin auf dem Beutezug. Die biologische Natur ist immer am Gebären (entsprechend der Bedeutung der altgriechischen *physis:* der Natur als zeugender und schaffender Kraft), regeneriert sich und ist daher immer in ihren Wehen. Irgendetwas stirbt immer, und irgendetwas lebt immer weiter: »Denn wir wissen, dass die gesamte Schöpfung bis zum heutigen Tag seufzt und in Geburtswehen liegt« (Röm 8.22). Der Tod kommt, und das Leben bleibt nur in der geforderten Anstrengung erhalten, Leben von einer Generation zur nächsten weiterzugeben. Der Tod muss als ein notwendiges Gegenstück zur Geburt des Lebens in die biologischen Prozesse bedeutungsvoll integriert werden. Rolston schreibt: »Dieser ganze evolutionäre Aufstieg ist ein Schrei, in dem das neue Leben im Aushauchen des alten entsteht. Das Leben rafft sich auf inmitten seiner Wehen – eine heilige Tragödie, anmutig gelebt unter einem heraufziehenden Sturm.«[55] Wir sind aufgefordert, los-

54. Ebenda.
55. Ebenda, Seite 59.

zulassen und hinauszuziehen in den Sturm und genauso leidenschaftlich, ausschweifend und verschwenderisch zu lieben, wie Gott uns liebt. Wir sind vom gekreuzigten Christus in die Fülle unserer Menschlichkeit berufen: »Die kreuzförmige Schöpfung ist letzten Endes gottförmig, göttlich, nicht trotz, sondern wegen dieses Aspekts des Ringens. Hinter und in jedem Nein der vernichteten Natur versteckt sich ein großes göttliches Ja.«[56] Gott ist die mitfühlende Verlockung in, bei und unter allem Leben, das um den Preis des Opfers entsteht.

Ein unvollendetes Universum ist ein Universum, das leidet und sich abmüht. Sich vorzustellen, dass Gott eine Welt ohne Schmerzen oder Risiken hätte erschaffen können, ist schlicht eine konzeptionslose Fantasie, weil der Schöpfungsakt aus Liebe immer das Ringen nach der vollkommenen Liebe einschließt. Teilhard schrieb: »Alles, was nicht ›zu Ende organisiert‹ ist, muss unausweichlich unter seiner residuellen Unorganisation und seiner möglichen Desorganisation leiden.«[57] Leiden spielt eine Rolle in der Unterstützung Gottes bei der Erfüllung Seines Projekts für die Welt, und zwar in erster Linie, weil Leiden in Kreativität verwandelt werden kann. Dies ist heute unsere große Herausforderung: Wie wir das Leiden der Welt in die Kreativität der Liebe transformieren können.

Das Leiden der Welt ist kein Argument gegen die Liebe Gottes. Es ist vielmehr der Schlüssel zum Verständnis unserer höheren Berufung zur

56. Ebenda.

57. PIERRE TEILHARD DE CHARDIN: *Die menschliche Energie,* Seite 114.

Liebe. Gott bestimmt nicht, was gut für uns ist, sondern lädt uns ein, Entscheidungen zu treffen. Jede Handlung kann eine heilige Handlung sein, wenn sie der Liebe entspringt. Die größte Bedeutung unserer Arbeit liegt darin, dass sie Gottes eigenes Beziehungsleben berührt. Wenn wir zum Aufbau der Welt und zu unserer eigenen Entwicklung beitragen, machen wir einen positiven Unterschied im Leben Gottes. Wenn jedoch unser Schmerz uns isoliert und wir mit Gewalt, Hass oder Rache reagieren, verwandelt sich unser Wunsch nach Liebe in Übel. Daher führt der einzige Weg, uns zu einer stärker vereinigten Welt zu entwickeln, über die liebende Vergebung.

Vergebung bedeutet, dort, wo Liebe abgelehnt oder in Zorn, Hass oder Verzweiflung verkehrt wurde, sich gegenseitig reichlich mit Güte zu beschenken. Wenn wir anderen stets nur ihre vergangenen Taten nachtragen, werden wir dem Ort, wo sie sich selbst gerade befinden, immer mindestens einen Schritt hinterherhinken und daher niemals eine Beziehung zu *ihnen* haben, sondern bloß zu ihren »Überbleibseln«.[58] Unser Lebensakt muss die andere lebende Person genau an jenem Punkt ansprechen, wo sich dieser Mensch im Schaffensakt des nächsten Moments seines Lebens befindet. Indem wir in einem Geist der Vergebung leben, werden wir Mitschöpfer eines sich entwickelnden Universums, weil Vergebung die Essenz der Liebe überhaupt ist, »das energetische Erstrahlen eines Wohl-

58. Vergleiche Beatrice Bruteau: *The Grand Option: Personal Transformation and a New Creation,* Notre Dame: University of Notre Dame Press, 2001, Seite 129.

wollens um der Zukunft willen«.[59] Wir lieben einander am Punkt, an dem wir ins Dasein kommen. Jeder Akt der Vergebung ist ein Liebesakt, welcher Güte in Richtung der Zukunft ausstrahlt; daher ist Vergebung ein Akt der Zukunft und essenziell für die Zukunft des Lebens.

Wenn alles gesagt und getan ist, so nehme ich an, ist die Liebe durch Leiden und Vergebung vollkommen geworden, denn der letzte Liebesakt besteht im Loslassen; und vielleicht ist es die Stärke ihres Willens, in Liebe loszulassen, der die Menschen in diesem Netz des Lebens voneinander unterscheidet. Die Eröffnungsszene der Comedieserie *The Kominsky Method* fängt die unbeschreibliche Tiefe der Liebe im Mysterium der Kenosis ein. Darum möchte ich mit den Worten von deren Hauptdarsteller, des altersweisen Schauspiellehrers Sandy Kominsky, schließen:

> Was wirklich geschieht – und ich möchte, dass ihr aufmerksam zuhört –, was in Wirklichkeit geschieht, ist, dass der Schauspieler Gott spielt. Denn, was ist es eigentlich, was Gott tut? Gott erschafft. Gott sagt: »Hier ist eine Welt«, und – Bam! – diese Welt existiert. Gott sagt: »Hier ist das Leben«, und – noch ein Bam! – das Leben passiert. Gott sagt: »Hier ist der Tod«, und – Boom! – Dunkelheit. Die Dunkelheit kehrt zurück. Was also bedeutet das für uns? Wie nutzen wir diese Information in unserer Arbeit? Die Antwort, meine lieben Kolleginnen und Kollegen, lautet, dass wir unsere Geschöpfe

59. Ebenda.

lieben müssen, so wie Gott es tut. Wir müssen sie mit Leben füllen, mit Charakter, mit Hoffnung und Träumen und verhängnisvollen Fehlern, und dann... dann müssen wir sie loslassen. Denn am Ende ist wahre Liebe, die Liebe Gottes, ein Loslassen.«[60]

60. Chuck Lorre [Drehbuch und Produktion]: *The Kominsky Method,* Netflix-Serie, 2018, Staffel 1, Folge 1.

Abschließende Gedanken

In der Morgendämmerung der Aufklärung erhob die Neuzeit die Vernunft zum neuen Glauben. Der Glaube an den Verstand, so sagten die Philosophen, ist der Glaube an den Fortschritt. Rationale Logik ist der Weg zur Macht. Der Philosoph René Descartes machte sich nicht viel aus Gefühlen; Liebe kann eine schwache Emotion sein, dachte er, die den Intellekt trübt. Der Triumpf des Intellekts und der Wille zur Macht trennte die Menschen von der größeren Welt der Beziehungen und der Ökologie des irdischen Lebens ab. Heute versucht die Technologie, das Leid zu besiegen, indem sie neue Arten medizinischer und technischer Verbesserungen schafft und versucht, den Tod zu überwinden. Aber smartere, effizientere und verbesserte Lebensbedingungen können die Liebe nicht vertiefen. Schnellere Computer oder eine Superintelligenz mögen Informationsflüsse beschleunigen, doch mehr Information kann zu noch größerer Fragmentierung führen, solange es keine Kraft gibt, die uns miteinander verbindet.

In Wahrheit sind wir zu so viel Bedeutenderem geschaffen als bloß für Bits von Informationen. Teilhard de Chardin erkannte die entscheidende Notwendigkeit, Wissenschaft und Religion als Fenster des Wissens neu auszurichten, sodass wir die eine Welt sehen. Er realisierte, dass Wissenschaft ohne Religion blind ist und zu Götzendienst führen kann, und Religion ohne Wissenschaft zu Aberglauben. Wenn wir nach einer Einheit von Dasein und Zweck suchen, gilt es, Wissenschaft und Religion wieder miteinander in Einklang zu bringen. Die Quelle dieser Einheit ist die Liebe. Wissenschaft ist eine Form von Liebe und ebenso verhält es sich mit Religion. Die tiefsten existenziellen Fragen werden durch das Verlangen zu wissen und zu lieben hervorgebracht, weil der Verstand auf Ganzheit ausgerichtet ist. Wenn unser Verstand die Wirklichkeit mehr als eine Frage begreift, statt dass er ihr vorgefertigte Antworten überstülpt, dann nehmen wir schöpferisch an der Entfaltung der Welt teil, wir werden zu Handwerkern der Zukunft.

Ich glaube, alles, was über Wissen und Liebe gesagt wurde, führt zu dem, was Bernhard von Clairvaux erkannte: dass die Liebe selbst eine Art von Wissen ist, die einer eigenen Logik folgt, *amor ipse notitia est.* Das Wissen der Liebe ist nicht nur eines des Intellekts, sondern auch des Herzens, ein integratives Wissen im Feld des Bewusstseins. Wissen aufgrund von Liebe ist performativ, denn wenn wir die Wahrheit der Dinge erkennen, werden wir durch unser Handeln in Liebe zu Offenbarer der Wahrheit. Wahres Wissen ist niemals ein Ziel an sich, sondern immer ein Schritt vorwärts zu einem immer tieferen, stärker verwandelnden Einssein. Wenn wir uns einen Planeten des vereinten Lebens wünschen, ist die Art von Wissen, die wir heute brauchen, Weisheit. Weisheit ist durch Liebe vertieftes Wissen, in dem alles zusammenarbeitet – Herz und Verstand, Seele und Körper, Intellekt und Sinne – und neue Erkenntnishorizonte eröffnet.

Wir werden fortfahren, smarter zu werden mittels Technologie, reicher dank Erfindungen, mächtiger durch unsere Instrumente, und den Weltraum und andere Planeten zu erobern. Und dennoch werden wir auch in den intergalaktischen Räumen des Universums letztlich nach Liebe suchen, denn allein die Liebe befriedigt nicht nur das erschaffene Herz des Menschen, sondern alle lebendigen Herzen. Intergalaktische Liebe mag sich in einzigartiger Weise ausdrücken, aber sie wird vereinend und schöpferisch sein, weil Liebe die Quelle und die Energie des Universums ist.

Wenn wir angesichts der Ursächlichkeit oder des Primats der Liebe heute auch nur eine einzige Entscheidung zu treffen haben, dann lassen Sie uns die Liebe wählen, lassen Sie uns in allen Aspekten unseres Lebens die Liebe suchen. Wenn Liebe tatsächlich die Wahrheit unseres Daseins und die Wahrheit Gottes ist, dann sollten wir nicht bloß danach trachten, den Minimalanforderungen der Liebe nachzukommen, dann sollten wir lieben, bis uns die Tränen kommen. Lassen Sie uns den Schmerz der Welt einatmen und die Güte der Liebe ausatmen, lassen wir los in Liebe, vom einfachsten Akt der Dankbarkeit bis hin zur Sorge um andere oder gar zum Riskieren unseres Lebens für einen Fremden – oder noch besser – bis zum Lieben unseres Feindes. Denn jeder Akt der Liebe ist ein Personwerden Gottes, und wenn Gott durch unser Leben geboren wird, entfaltet sich der Himmel auf Erden. Alles, wonach wir uns sehnen und was wir herbeiwünschen, wird in diesem Augenblick, im Hier und Jetzt, in jedem einzelnen Liebesakt zur Wirklichkeit.

Was brauchen wir mehr als die Macht der Liebe, um die Tränen dieser Welt in ein von Herzen kommendes Lied zu verwandeln, das über Zeit und Raum hinaus erklingt? Wo Liebe ist, hat der Tod keine Macht über uns. Nur die Liebe kann uns befreien, und in dieser Freiheit der Liebe können wir unaussprechliche Freude erfahren, denn wir sehen mit dem Auge des Herzens, was dem begrenzten Verstand für immer verschlossen bleibt. Durch die Augen der Liebe erkennen wir das Antlitz Gottes.

Literaturverzeichnis

ARMSTRONG, REGIS J.: *Saint Francis of Assisi,* New York: Crossroad, 1994.

ARMSTRONG, REGIS J., J.A. WAYNE HELLMANN und WILLIAM J. SHORT [Hrsg]: *Francis of Assisi: Early Documents,* New York: New City Press, 1999.

AUGUSTINUS: *Confessiones – Bekenntnisse,* München: Kösel-Verlag, 1966.

BAUM, GREGORY: "Meister Eckhart and Dorothee Sölle on Suffering and the Experience of God" in *Light Burdens, Heavy Blessings,* Quincy, IL: Franciscan Press, 2000.

BERG, DIETER und LEONHARD LEHMANN [Hrsg.]: *Franziskus-Quellen,* Kevelaer: Butzon & Bercker, 2009.

BOHM, DAVID: *Wholeness and Implicate Order,* London: Routledge, 1980.

BRACKEN, JOSEPH: *The Creative Matrix: Creativity as Link Between East and West,* Eugene, OR: Wipf & Stock, 2006.

BRUTEAU, BEATRICE: *The Grand Option: Personal Transformation and a New Creation,* Notre Dame: University of Notre Dame Press, 2001.

DELIO, ILIA: *From Teilhard to Omega: Co-creating an Unfinished Universe,* Maryknoll, NY: Orbis Books, 2013.

DELIO, ILIA: *Simply Bonaventure: An Introduction to His Life, Thought, and Writings,* New York: New City Press, 2001.

DOYLE, ERIC: *St. Francis and the Song of Brotherhood,* New York: The Franciscan Institute, 1980.

GRYGUS, JOHN: "Poverty and Prayer: The Franciscan Way to God" in *The Cord,* Nr. 38, 1989.

KING, THOMAS M.: *Teilhard's Mysticism of Knowing,* New York: Seabury Press, 1981.

KWAMME, JANET C.: "The *Fontalis Plenitudo*" in *Bonaventure as a Symbol for His Metaphysics,* unveröffentl. Dissertation, Fordham University, 1999.

LORRE, CHUCK [Drehbuch und Produktion]: *The Kominsky Method,* Netflix-Serie, 2018.

LULL, RAMON: *Das Buch vom Liebenden und Geliebten,* übersetzt und herausgegeben von Ludwig Klaiber, Zürich: Thomas-Verlag, 1950.

MALONE, PATRICK: "A God Who Gets Foolishly Close" in *America,* 27. Mai 2000.

MEISTER ECKHART: *Werke,* Frankfurt a.M.: Deutscher Klassikerverlag, 1993.

MERTON, THOMAS: "A Member of the Human Race" in *A Thomas Merton Reader,* New York: Doubleday / Image Books, 1974.

MOLTMANN, JÜRGEN: *Der gekreuzigte Gott: Das Kreuz Christi als Grund und Kritik christlicher Theologie,* Gütersloher Verlagshaus, 2016.

NGIEN, DENNIS: "The God Who Suffers" in *Christianity Today,* 3. Februar 1997.

NOLAN, ALBERT: *Jesus Today: A Spirituality of Radical Freedom,* Maryknoll, NY: Orbis, 2006.

NYGREN, ANDERS: *Eros und Agape: Gestaltwandlungen der christlichen Liebe,* zwei Bände, Gütersloh: Der Rufer Evangelischer Verlag, 1930 und 1937.

OORD, THOMAS JAY: *The Uncontrolling Love of God: An Open and Relational Account of Providence,* Downers Grove, IL: InterVarsity Press, 2015.

PRATT, DOUGLAS: *Relational Deity: Hartshorne and Macquarrie on God,* Lanham, MD: University Press of America, 2002.

PSEUDO-DIONYSIUS: *The Complete Works,* übersetzt von Paul Rorem in: *The Classic Western Spirituality,* herausgegeben von John Farina, New York: Paulist Press, 1987.

ROLHEISER, RONALD: *The Holy Longing: The Search for a Christian Spirituality,* New York: Image Books, 2014.

Rolston III, Holmes: “Kenosis and Nature” in John Polkinghorne [Hrsg.]: *The Work of Love: Creation as Kenosis,* Grand Rapids: William B. Eerdmans, 2001.

Schrödinger, Erwin: *Was ist Leben?,* München / Zürich: Piper, 1989.

Teilhard de Chardin, Pierre: *Das Herz der Materie und Das Christische in der Evolution,* Ostfildern: Patmos Verlag, 2018.

Teilhard de Chardin, Pierre: *Die lebendige Macht der Evolution,* Olten und Freiburg i. Br.: Walter-Verlag, 1967.

Teilhard de Chardin, Pierre: *Mein Glaube,* Olten und Freiburg i. Br.: Walter-Verlag, 1972.

Teilhard de Chardin, Pierre: *Der Mensch im Kosmos,* München: C. H. Beck, 1969.

Teilhard de Chardin, Pierre: *Die menschliche Energie,* Olten und Freiburg i. Br.: Walter-Verlag, 1966.

Teilhard de Chardin, Pierre: *Wissenschaft und Christus,* Olten und Freiburg i. Br.: Walter-Verlag, 1970.

Tillich, Paul: *Systematische Theologie I–II,* Berlin / Boston: Walter de Gruyter & Co., 2017.

Vacek, Edward: *Love, Human and Divine: The Heart of Christian Ethics,* Washington, DC: Georgetown University Press, 1994.

Whitehead, Alfred North: *Process and Reality,* New York: Free Press, 1979.

Wiesel, Elie: *Die Nacht: Erinnerung und Zeugnis,* Freiburg i. Br.: Herder, 2022.

Über die Autorin

Ilia Delio OSF ist eine US-amerikanische Professorin der Theologie, Autorin von rund zwei Dutzend Sachbüchern und internationale Vortragsrednerin, die sich seit Jahrzehnten mit Fragen der Vereinbarkeit von Wissenschaft und Religion auseinandersetzt unter besonderer Berücksichtigung der neuesten Entwicklungen auf den Gebieten der Evolutionstheorie, der Neurowissenschaften, der Quantenphysik und der künstlichen Intelligenz. Die promovierte Biologin und Neuropharmakologin gab ihre wissenschaftliche Tätigkeit auf dem Feld der Alzheimerforschung an der renommierten Johns Hopkins University auf, um zunächst in ein Karmeliterkloster einzutreten und sich später dem Franziskanerorden anzuschließen. Ilia Delio ist Gründerin des Centre for Christogenesis, einem Online-Bildungsportal, das sich der Verbreitung der Lehren des jesuitischen Paläontologen und Philosophen Pierre Teilhard de Chardin sowie der Integration von Wissenschaft und Religion widmet, und Inhaberin des Josephine-C.-Connelly-Lehrstuhls für Theologie an der Villanova University.

Register

Der Chalice Verlag widmet sich
der Publikation von wertvollen Texten
aus verschiedenen spirituellen Traditionen

Unser gesamtes aktuelles Verlagsprogramm sowie
weiterführende Textbeiträge, Audioaufnahmen und Videos
finden Sie auf unserer Webseite

chalice.de

Wie Sie unsere Arbeit unterstützen können

Gute Bücher mit anspruchsvoller Literatur zu machen,
ist heutzutage ein steiniges Unterfangen, besonders
für kleine Verlage, die knappe finanzielle Mittel
mit umso mehr Herzblut wettmachen müssen.
Wir sind ein nicht-profitorientierter Kleinverlag,
arbeiten für weniger als ein Taschengeld und reinvestieren
alle unsere Erträge in neue Buchprojekte

Wenn Sie den Chalice Verlag unterstützen möchten,
freuen wir uns natürlich über jeden Kauf und
jede Weiterempfehlung der von uns verlegten Bücher.
Falls Sie uns eine Zuwendung zukommen lassen möchten,
die uns neue Buchprojekte ermöglichen hilft und
unsere Verlagsarbeit fördert, danken wir Ihnen
von Herzen

Unsere Bankverbindung:
Iban-Nr. DE89 3545 0000 1150 0050 54
Unser PayPal-Konto: kontakt@chalice-verlag.com

Chalice Verlag

Die Naturwissenschaftlerin und Theologin Ilia Delio unternimmt hier den kühnen Versuch, einen Weg der fruchtbaren Annäherung zwischen Wissenschaft und Religion aufzuzeigen. Ihr besonderes Augenmerk liegt dabei auf der kontrovers diskutierten Rolle der künstlichen Intelligenz, deren immenses Veränderungspotenzial für unsere Welt heute noch kaum abschätzbar ist. Nachdem sich im »ersten axialen Zeitalter« die Weltreligionen entwickelten, stehen wir heute am Höhepunkt einer »zweiten Achsenzeit«, in der eine KI, die mit einem neuen Religionsverständnis unverkrampft begrüßt und begleitet wird, eine ökologische, soziale und spirituelle Wiederverzauberung unserer Welt einläuten könnte. Mit anregender Originalität baut die Autorin auf posthumanistischen Konzepten, Ideen von Visionären der KI sowie den evolutionstheologischen Einsichten Teilhard de Chardins auf und formuliert einen provokanten Weckruf für alle, die jenseits der konventionellen Religiosität nach spiritueller Inspiration suchen. Delio zeigt, wie kosmische, menschliche und technologische Evolution zu immer größerer Komplexität und Bewusstheit zusammenströmen und uns ein ganzheitlicheres Verständnis des Menschseins und unserer Verantwortung für die Schöpfung abverlangen. Damit hilft sie uns, Chancen und Risiken der atemberaubenden technologischen Umwälzungen unserer Zeit neu einzuordnen.

ISBN 978-3-942914-66-6
354 Seiten

Wir sind eine Spezies, die zwischen zwei Achsenzeiten lebt. Entsprechend schwer tun sich unsere religiösen Mythen darin, mit den globalen geistigen und ökologischen Entwicklungen Schritt zu halten. In dieser Situation schlägt Ilia Delio eine neue Erzählung vor: die des relationalen Holismus, der Suche nach einer Verbindung zum Göttlichen in unserer pluralistischen Epoche der Quantenmechanik und der Evolutionstheorie. Die Vorstellung, dass alles mit allem zusammenhängt, ist bereits seit dem Buch Genesis tief im Bild der Beziehung zwischen Gott und der Welt verwurzelt, ihre wirkliche Bedeutung beginnt sich aber gerade erst herauszukristallisieren in den jüngsten quantenphysikalischen Erkenntnissen und einem völlig neuen Verständnis der Zusammenhänge von Geist und Materie. Daher verläuft die in diesem Buch schlüssig dargestellte Erzählung quer durch die Gebiete der Naturwissenschaft, der heiligen Schriften, der Theologie, der Geschichte, der Kultur und der Psychologie. Dabei folgen wir den Einsichten und Erkenntnissen des Psychoanalytikers Carl Gustav Jung und des jesuitischen Wissenschaftlers und Philosophen Pierre Teilhard der Chardin, die aufzeigen, dass das komplexe menschliche Wesen nicht länger bloß aus dem einen oder anderen simplifizierten Blickwinkel betrachtet werden kann. Wenn wir unsere Existenz nicht als Ganzes verstehen, verstehen wir rein gar nichts.

ISBN 978-3-942914-67-3
ca. 250 Seiten · erscheint 2024

Was geschieht mit uns, wenn wir sterben? Was bedeutet der Tod für eine Partnerschaft? Dieses aufwühlende Buch erzählt die wahre Geschichte einer außergewöhnlichen Beziehung zwischen einer anglikanischen Priesterin und einem Trappisten-Einsiedlermönch und wie aus ihrer bewussten Liebe eine gemeinsame »vermögendere Seele« erwächst, die zur spirituellen Entwicklung beider beiträgt und es schließlich sogar vermag, die Schwelle des Todes zu überwinden. Mit berührender Offenheit und geistiger Brillanz legt die Autorin ihre profunden Einsichten dar in die großen Menschheitsfragen zu Liebe und Partnerschaft, Altern und Sterben, Tod und Auferstehung. »Wenn wir die ewige Gemeinschaft finden wollen, dürfen wir uns nicht davor fürchten, uns hinauszuwagen auf das dunkle, schwarze Meer dessen, was ein unbeschreibliches Fehlen zu sein scheint«, appelliert sie an unseren Mut zur Selbsterkenntnis. Dabei hinterfragt sie die teils unstimmigen, teils einschläfernden Antworten der Sonntagsschultheologie mit einem Weckruf, der auf den überraschenden inneren Lehren basiert, wie sie in der christlichen Tradition von Jakob Böhme, G.I. Gurdjieff, Boris Mouravieff oder Ladislaus Boros vertreten werden, und lässt auch ihre »metaphysischen« Lieblingspoeten T.S. Eliot, John Donne, Rainer Maria Rilke und William Shakespeare zu Wort kommen. »Der Tod eines Geliebten bedeutet nicht das Ende einer Beziehung, sondern einfach eine neue und subtilere Phase des Miteinandergehens.«

ISBN 978-3-942914-55-0

232Seiten

»In meines Vaters Haus sind viele Wohnungen.« Eine Entdeckungsreise durch alle Reiche der Schöpfung, von denen jedes eine besondere Aufgabe im Prozess der Selbsterkenntnis Gottes hat. Zentral ist dabei jener Ort, »wo sich die beiden Meere treffen«: die Welt des Imaginativen zwischen dem Sichtbaren und dem Unsichtbaren, wo sich ein wunderbarer Austausch abspielt. Um dem Sinn unseres Daseins und unserer Verantwortung im Rahmen der Evolution – als Individuen wie als Gemeinschaft – gerecht zu werden, müssen wir die Funktion des imaginativen Reichs als Teil der Wirklichkeit verstehen lernen. Das Organ, das uns dazu befähigt, ist das menschliche Herz, dessen Spiegel wir durch die Läuterung unseres Lebenswandels polieren. Und das Gefährt, das uns über diese imaginative Wasserscheide hinaustragen kann, ist die menschliche Seele, die wir uns in diesem irdischen Leben erarbeiten und kräftigen müssen. Auf Basis von non-dualem metaphysischem Kartenmaterial (aus Christentum, Sufismus und den Lehren G.I. Gurdjieffs, Teilhard de Chardins und Ken Wilbers) erläutert die Autorin das Wesen des Imaginativen, das mit dem Auge des Herzens gut sichtbar und den mystischen Traditionen bestens vertraut ist. Dabei zeigt sie auf, wie wir unser Herz öffnen und einstimmen können auf die höheren Welten, durch die sich die erhabene Schönheit Gottes ausdrückt in unserer kostbaren Besonderheit als menschliche Individuen wie auch in unserer gegenseitigen Verbundenheit.

ISBN 978-3-942914-48-2
220 Seiten

WEITERE TITEL IM CHALICE VERLAG

Wie und wo können wir Hoffnung finden in Zeiten der Angst, des Verlusts und des Leidens in unserem persönlichen Leben oder angesichts einer Menschheit, die an ihrer Dummheit und Rücksichtslosigkeit zu scheitern und sich selbst und das Leben auf der Erde in den Abgrund zu reißen droht? In unserer üblichen Art, diese Dinge zu betrachten, ist Hoffnung immer an ein Ergebnis geknüpft: »Hoffentlich kriege ich den Job«; »Hoffentlich wird unsere Mutter wieder gesund«; »Hoffentlich endet der Krieg«; »Hoffentlich erreichen wir die Klimaziele«... Cynthia Bourgeault lädt uns ein, diese Frage von einem völlig neuen Ansatz her zu denken und in der Frohen Botschaft der heiligen Schriften nach jener Hoffnung zu suchen, die in der unendlichen Barmherzigkeit Gottes begründet liegt und daher unversiegbar aus jener tiefsten Quelle in unserem Inneren hervorsprudelt, die unser Herz mit dem Herzen Gottes verbindet. In diesem Buch zeigt uns die Theologin und episkopale Priesterin, woraus sich diese mystische Hoffnung speist, wie wir sie in unserem Leben finden und schöpfen können, wie sie durch Gebet und Meditation gestärkt werden kann und wie wir sie als Quell von Inspiration, Kraft und Erneuerung hinaustragen können in eine wartende Welt, die ihrer so dringend bedarf.

ISBN 978-3-942914-64-2
122 Seiten

Mit einer Einführung von
Richard Rohr OFM

Ein mutiger Glaube erfordert einen großen Gott. In welche beschränkten Vorstellungen und Konzepte haben Sie das Göttliche eingesperrt? Falls Ihre Beziehung zu Gott distanziert oder beiläufig und Ihre Erfahrung des Göttlichen im Leben lau oder berechenbar geworden sind, lädt Paul Coutinho Sie ein, daran zu glauben, dass Gott größer ist – viel, viel größer! Jenseits von theologischem Dogmatismus und konfessioneller Schrebergärtnerei ist dieses Buch eine grandiose Aufforderung, in unserem Glauben tiefer zu leben und stärker zu wachsen, indem wir einen Gott umarmen, Dessen Liebe wahrhaftig keine Schranken kennt. Der aus Indien stammende und in den USA lehrende Priester, Psychologe und Theologe begeistert mit seinen Schriften und Vorträgen, die sich – mit einem östlichen Blick auf unsere westliche Spiritualität – der unermüdlichen Suche des Herzens nach dem Göttlichen widmen und unserem Verlangen, das Leben in seiner ganzen Fülle zu erfahren. *Wie groß ist dein Gott?* ist ein wunderbarer Wegweiser aus engen Bachläufen hinaus in den Fluss des Lebens und ins offene Meer des Göttlichen. Der Autor ermutigt uns – mit aus dem Leben gegriffenen Geschichten, einer guten Prise Humor und wertvollen Inspirationen für unseren persönlichen Alltag –, Herz und Verstand zu gebrauchen, sodass wir die unermessliche Weite Gottes erfahren können. Wir beginnen zu erkennen, dass eine immer tiefere Beziehung mit dem Göttlichen der wahre Zweck jeglicher Religion ist.

ISBN 978-3-942914-24-6
172 Seiten

Sex ist eine der machtvollsten Kräfte in unserem Leben, und doch vermögen nur die wenigsten Menschen, ihn ganzheitlich zu betrachten. Weit über Fortpflanzung und Vergnügen hinaus kommt ihm besondere Bedeutung für die spirituelle Transformation des Menschen zu. Suchenden, denen sich zu diesem Thema schwierige Fragen stellen, bietet dieses Buch neue Denkanstöße und überraschende Blickwinkel auf eines der größten Wunder und tiefsten Rätsel der Schöpfung. In den hier zusammengestellten Auszügen aus seinen Vorträgen behandelt der Naturwissenschaftler, Philosoph und spirituelle Lehrer John G. Bennett Themen wie den Ursprung der Sexualität, ihr Verhältnis zur Liebe, die Bedeutung des Geschlechtsakts, die komplementären Rollen von Mann, Frau und Kind, Ehe und Partnerschaft, Fortpflanzung, Elternschaft, Kreativität, »negativen Sex« sowie psychologische und gesellschaftliche Aspekte.

»Die innere Spaltung des Menschen ist die Trennung seiner geistigen und materiellen Hälften. Sie führt zur Unzufriedenheit und Suche, die seine Transformation erst ermöglichen. Die wirkliche Freude am Sex liegt weder in gedanklicher Stimulation noch in emotionaler Erregung, sondern in verbesserter Klarheit, Kraft und Stärke der Erfahrung auf allen Ebenen. Im Geschlechtsakt können wir wahrhaft wir selbst sein, und dies sollte uns in Sachen Sex sehr feinfühlig machen.«

ISBN 978-3-942914-06-2
120 Seiten

Das Johannesevangelium ist einer der bekanntesten und schwierigsten Texte des Neuen Testaments und hat mit seiner poetischen Schönheit und tiefen Spiritualität schon sehr viele Interpreten beschäftigt. Von besonderer Kraft und klarer Vision ist die Deutung von Johannes Scotus Eriugena, des irischen Weisen aus dem neunten Jahrhundert. Seine *Homilie* über den Prolog dieses Evangeliums, die im Mittelalter sehr einflussreich war, ist eines der frühesten Zeugnisse der keltisch-christlichen Mystik und deutet die Schrift außergewöhnlich originell und inspiriert. Auf den Schwingen des Adlers (dem traditionellen christlichen Symbol für Johannes) trägt uns Eriugena empor und lässt uns den Ursprung des Universums und unser eigenes Wesen aus einer Perspektive schauen, die weit über die Welt der Erscheinungen hinausgeht. Für Eriugena ist Gott transzendent in Seinem unerschaffenen Wesen und gleichzeitig immanent in Seiner erschaffenen Natur. Diese hat sich im Anfang von Gott entfremdet und ist nun aufgefordert, zu Ihm zurückzukehren. Jesus, das Fleisch gewordene Wort, erinnert den Menschen an sein wahres Wesen und seine Bestimmung zur Rückkehr in die Einheit allen Seins. Dieses Buch erschließt die Homilie Eriugenas in der wunderbaren Übersetzung und mit den ausführlichen Reflexionen von Christopher Bamford, dem renommierten Autor und Herausgeber auf dem Gebiet der westlichen Spiritualität.

ISBN 978-3-905272-86-4
228 Seiten

Ein Schatz tiefer Einsichten aus spiritueller Perspektive in das große Mysterium des Atems. Inspirierende Vorträge, praktische Übungsanleitungen und eine Auswahl poetischer Texte aus unterschiedlichsten Traditionen laden uns ein, den Atem als Wunder auf vielen Ebenen zu erforschen.

Was ist dieser Atem? Welche Bedeutung liegt in diesem Leben spendenden Geheimnis? Wie wichtig ist das bewusste Atmen für echte spirituelle Transformation? Was sagt uns die Tatsache, dass unser Leben all seine Möglichkeiten zwischen einem Einatmen und einem Ausatmen entfaltet? Wie hängt das alles mit dem Rhythmus des Universums und der Zeit zusammen? Welche Rolle spielt der Atem im »Werden des Seins« aus dem immerwährenden »Schoß des Augenblicks«? Wie können wir Nahrung einatmen und sie ins alchimistische Exilier destillieren, das wir für die nachhaltige Verwandlung unseres Lebens brauchen? Wie können wir ausatmen, um die Atmosphäre in einem Raum oder in einer Situation zu verändern, in Verantwortung für unsere Mitmenschen und für die »kommende Welt«? Was könnte es bedeuten, dass Jesus »auf dem Wasser wandelte« und dass »Atem und Geist eins sind«? Welches ist die innere Beziehung zwischen Maria, Jesus, dem Geist Gottes (*rūḥ Allāh*), und Christus?

Vor dem Hintergrund seines lebenslangen Studiums der inneren Essenz der Sufi-Lehren liefert uns der Autor Gedankenanstöße und praktische Tipps zur Atemarbeit in unserem Alltag.

ISBN 978-3-942914-09-3
172 Seiten

Gesunde Seelennahrung mit Liebe und Achtsamkeit zubereiten und mit bewusster Dankbarkeit genießen: Dafür braucht es einen guten Geschmack, und der will gelernt sein. Das gilt insbesondere für das spirituelle Schmecken der Einheit des Seins. In dieser einzigartigen Anthologie beschreiben liebestrunkene Sufis, wahrheitshungrige Gnostiker, erkenntnisdurstige Geisterseher und verschmitzt-weise Skandalgurus, hingebungsvolle Brotbäcker, humorbegnadete Geschichtenerzähler, ägäisverzauberte Lebensreisende und extremfastende Meisterspione Möglichkeiten und Wege, das Feine vom Groben zu unterscheiden, das Obere mit dem Unteren zu verbinden und so die scheinbare Trennlinie zwischen dem Körperlichen und dem Spirituellen zu überwinden. Wenn wir die ›Küchenarbeit an uns selbst‹ in der richtigen, nämlich dienenden Haltung angehen, kultivieren wir in uns diesen guten, feinen Geschmack für die Nähe Gottes. Bewusstes Kochen und Gekochtwerden lässt uns die Heiligkeit in der Transformation von Äußerem und Innerem entdecken.

Neben Ausgesuchtem von Dschalāl ad-Dīn Rūmī, Bahauddin Walad, Hafis, Khalil Gibran, Bülent Rauf, Reshad Feild, Muzaffer Ozak, G.I. Gurdjieff, P.D. Ouspensky, Idries Shah, Osho, Scotus Eriugena, Emanuel Swedenborg oder Henry Miller finden sich in diesem Lesebuch erstmals auf Deutsch vorliegende Trouvaillen von Annemarie Schimmel, Muḥyīddīn Ibn ʿArabī, John G. Bennett, Christopher Bamford und Paul Dukes.

ISBN 978-3-942914-20-8
324 Seiten

Was ist das Wesen des Kindes? Was bedeutet Kind*heit* als Archetyp, als spirituelles Ideal und lebendige Wirklichkeit? Wie können wir Kindern helfen, das zu werden, was zu sein sie von der Schöpfung gedacht sind? Was können wir von ihnen lernen, da wir doch aufgerufen sind, zu werden wie sie? Wie können wir ihnen in liebender Achtsamkeit begegnen und ihnen die Art von Nahrung verschaffen, die sie in unserer Zeit brauchen? Dieses Lesebuch bietet Denkanstöße, Erfahrungsberichte und Verhaltensvorschläge aus dem Weisheitsschatz der mystischen Überlieferungen der verschiedenen Religionen wie auch von maßgeblichen Wegbereitenden einer neuen ganzheitlichen Pädagogik. Nicht nur Eltern, Betreuende und Erziehende sind hier angesprochen, sondern alle, die die »versöhnende Kraft des Kindes« (Gurdjieff) verstehen möchten, die »Achtung haben vor den Geheimnissen und den Schwankungen der schweren Arbeit des Wachsens« (Janusz Korczak) und die es sich zur Aufgabe machen, das Kind als »lebendiges menschliches Bild der Wahrheit zu umsorgen« (Bülent Rauf). Und weil letztlich »alle Bildung Selbstbildung ist« (Edith Stein), geht es dabei immer auch um unser »inneres« Kind, das, »wenn die Zeit reif ist, in uns geboren wird« (Reshad Feild). Dieses Buch kann uns helfen, zu verstehen und unsere Kinder zu lehren, was Gott zu jeder und jedem Einzelnen von uns sagt: »Du bist Mein Schmuck; du bist Meine Schönheit; du bist Meine Vollkommenheit; du bist Mein Name« (al-Dschīlī).

ISBN 978-3-942914-34-5
480 Seiten

LADISLAUS BOROS

Das vollständige literarische Schaffen des wegweisenden, ungarisch-schweizerischen Theologen und Philosophen Ladislaus Boros (1927–1981) in einer sorgfältig editierten Gesamtausgabe von 4400 Seiten in elf Bänden.

Die Sammlung soll das vielfältige Schaffen dieses freigeistigen Gedankenarbeiters für all jene Menschen zugänglich machen und erhalten, in denen Fragen über die Letzten Dinge brennen und die verstanden haben, dass und wieso es diesbezüglich – wie er schreibt – »im christlichen Leben keine erledigten Angelegenheiten, keine endgültig eroberten Stellungen geben kann.« Ladislaus Boros gehörte zu jenen »jungen wilden« Theologen, die in der Aufbruchstimmung nach dem Zweiten Vatikanischen Konzil ihren Glauben lebendiger zu begreifen versuchten (womit sie bei vielen fortschrittlichen Zeitgenossen neue Hoffnung entfachten) und die katholische Kirche in wesentlichen Aspekten erneuern wollten (worin sie bitterlich enttäuscht wurden). Boros' weites und tiefes Ausloten dessen, was ein »wahrhaft christliches« Leben im Hier und Heute bedeuten könnte und sollte, macht die Schriften dieses unerschrockenen Denkers so wertvoll gerade für uns Zeitzeugen der radikalen Krise eines institutionellen und kle-

WEITERE TITEL IM CHALICE VERLAG

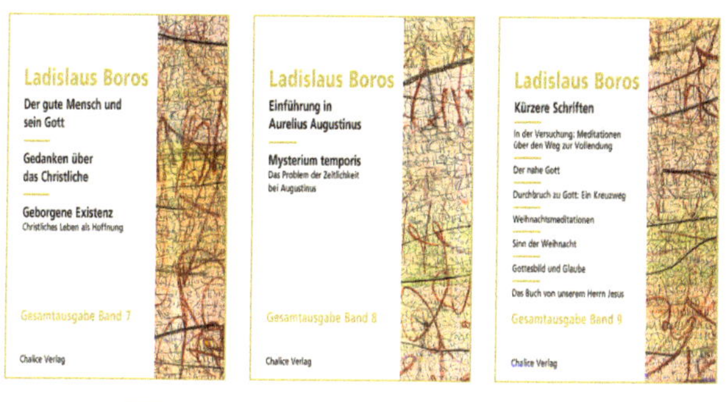

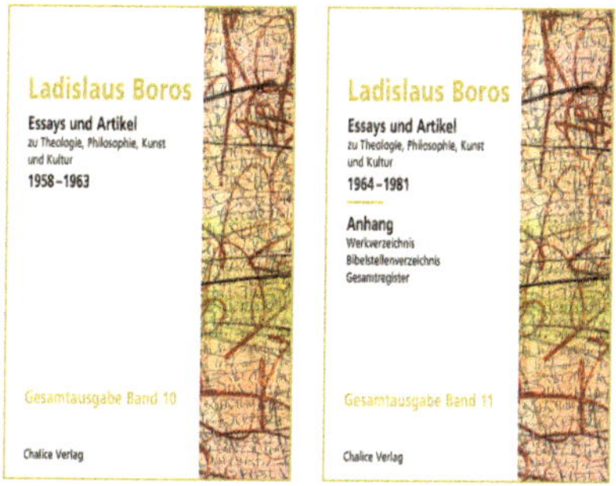

GESAMTAUSGABE IN ELF BÄNDEN

rikalen Christentums im Besonderen und eines formalistisch erstarrten Religionsverständnisses im Allgemeinen.

Die elf Bände beinhalten alle 26 zu Lebzeiten des Autors erschienenen Einzeltitel inklusive seines bekanntesten Werks, *Mysterium mortis: Der Mensch in der letzten Entscheidung* (und zwar mit einer ausführlichen kommentierenden Einführung von Cynthia Bourgeault), die posthume Erstausgabe seiner Summa-cum-laude-Dissertation *Mysterium temporis: Das Problem der Zeitlichkeit bei Augustinus* sowie seine sämtlichen Essays und Fachartikel.

Zur wissenschaftlichen Erschließung wie auch zum vertieften Studium enthält Band 11 ein 160-seitiges Gesamtregister aller elf Bände, welche das Werk des Theologen und Philosophen Ladislaus Boros erstmals systematisch und detailliert verschlagwortet, und zwar mit 35 000 Seitenverweisen zu sämtlichen 1300 zitierten Bibelstellen und über 6500 Fachbegriffen und Personennamen.

Alle Details zur Gesamtausgabe unter
chalice.de/boros